MEJORA TUS HÁBITOS y tu vida

Laura García Aros es *coach* con certificación internacional (ICF), especialista en desarrollo y gestión de equipos de alta dirección y cambio cultural. Posee más de 15 años en consultoría empresarial y coaching ejecutivo. Experta en gestión emocional del cambio en equipos y personas. Formadora de coaches y rectora de la Tecnicatura Superior en Liderazgo. Abogada y mediadora. Escritora de *Las emociones van a la escuela*, y de *Docente coach*. También publicó en este mismo sello editorial *Mindfulness: observar, escuchar, respirar, detenerse*.

MEJORA TUS HÁBITOS

y tu vida

EDICIÓN ESPECIAL
INCLUYE
PROGRAMA DE 21 DÍAS PARA CAMBIAR TUS HÁBITOS

Laura García Aros

Grijalbo

García Aros, Laura
Mejora tus hábitos y tu vida / Laura García Aros - 1a ed. - Buenos Aires : Grijalbo, 2024.

144 p. ; 23 x 15 cm.
ISBN 978- 950-28-1710-1

1. Autoayuda. I. Título.
CDD 158.1

Humberto I 555, Buenos Aires
penguinlibros.com

Edición: María Laura Caruso
Diseño de tapa e interior: Adriana Llano
Corrección: Marisol Rey

Printed in Argentina – Impreso en Argentina

ISBN 978- 950-28-1710-1

Queda hecho el depósito que previene la ley 11.723.

Esta edición se terminó de imprimir en Arcángel Maggio - División Libros, Lafayette 1695, Buenos Aires, en el mes de marzo de 2024.

ÍNDICE

Capítulo 1

EL HÁBITO Y SU CIRCUITO EN EL CEREBRO

Cuida tus pensamientos, porque se volverán tus palabras. Cuida tus palabras, porque se volverán tus actos. Cuida tus actos, porque se convertirán en tus hábitos. Cuida tus hábitos, porque forjarán tu carácter. Cuida tu carácter porque formará tu destino.

MAHATMA GANDHI

Un hábito es una rutina o conducta que se practica con regularidad y, en muchos casos, de manera automática. A medida que pasa el tiempo, la repetición de esa rutina se instala de manera tal que ya no necesitamos ni pensar en ejecutarla, como si fuésemos movidos por hilos invisibles, no sabemos de dónde viene y a dónde nos lleva, por lo tanto, una vez que se instala, tiende a ser automática o inconsciente.

En este libro vamos a aprender sobre la manera en que los hábitos se instalan y se automatizan en nosotros. **Pero, además, ¿por qué es importante que aprendamos sobre los hábitos y nos hagamos conscientes de su influencia en nuestros logros y fracasos?**

Como dice la frase de Gandhi, los hábitos determinan nuestro carácter, la manera en que nos comportamos, nos juzgamos y nos perciben, y eso va generando nuestro destino y, en última instancia, la vida que vivimos.

El tipo de hábitos que forman nuestros automatismos cotidianos no solo nos acercan o alejan de los resultados que deseamos, más importante aún, influyen en nuestra forma de ser y de estar en el mundo. Reflejan en quienes nos hemos convertido. Cambiar algún hábito que te disgusta te conectará con la persona que deseas ser. Cualquier creencia que tengas sobre ti mismo se puede traducir en un hábito concreto. Si crees que te cuesta madrugar, eso se traduce en la hora que programas tu despertador y sales de la cama cada mañana. Modificar el hábito que te disgusta e instalar uno nuevo, que te represente mejor, en el momento actual de tu vida, será una manera de transformarte en una persona distinta.

Tus hábitos importan porque te ayudan a convertirte en el tipo de persona que deseas ser. Literalmente, te conviertes en tus hábitos.

Tenemos hábitos positivos y hábitos negativos. Hábitos que colaboran con los resultados que queremos obtener en nuestra vida y hábitos que los obstaculizan. Todos ellos se han conformado en nosotros siguiendo el mismo bucle de aprendizaje. La forma de modificarlos es hacerlos conscientes y encontrar el llamado *bucle neuronal*. El bucle neuronal es un proceso que se arma en nuestro cerebro y que se activa con el mensaje o señal que se internalizó como el disparador específico de un determinado hábito. Ese disparador activa la rutina o acción asociada y espera una recompensa al final del comportamiento.

En gran medida, los hábitos tienen que ver con nuestra personalidad, con nuestra forma de movemos y coordinar acciones en el mundo. Influyen en el modo de comunicarnos y en nuestra particular forma de hacer las cosas diarias. Si aprovechamos el día o desaprovechamos el tiempo, condiciona los resultados que obtenemos en nuestros estudios o en nuestro trabajo. Se deducen de nuestras rutinas relacionales cuántas veces llamamos por teléfono o no llamamos por teléfono a nuestros amigos o familiares.

Muchas de estas acciones son fruto de automatismos, ni siquiera pasan por nuestro espacio de decisión. **¿Por qué ocurre de esta forma?**

Te levantas a la mañana generalmente del mismo lado en el que te has acostado. Te pones tu calzado de la misma forma, lo has dejado a la noche en el mismo lugar. Sueles lavarte los dientes de la misma forma, untas la pasta dental en tu cepillo de una manera similar, te miras al espejo, te peinas o no te peinas, abres la puerta de calle siguiendo un patrón inconsciente y sales a la calle siguiendo unas rutinas determinadas, entre ellas, guardas las llaves en un sitio prefijado.

Este proceso, en el cual el cerebro convierte una secuencia de acciones en una rutina automática, es la base de la formación de los hábitos. A diario dependemos de docenas, de cientos de "fragmentos conductuales" o "secuencia de acciones" que ya se transformaron en "rutinas".

Algunas son simples, otras son más complejas.

No obstante, generar los hábitos y llevarlos a cabo, como salir a la calle sin siquiera razonarlo, le ocurre a millones de personas que emprenden esta elaborada coreografía cada mañana, gracias a una parte de nuestro cerebro llamada *ganglios basales*, que toman las riendas e identifican el hábito que tenemos almacenado en el cerebro relacionado con, por ejemplo, sacar el coche del garaje. Una vez que el hábito comienza a desarrollarse, la materia gris es libre de relajarse o concentrarse en otros pensamientos, lo que explica por qué tenemos capacidad mental suficiente para darnos cuenta mientras conducimos de que nuestro hijo se olvidó la mochila o la cartuchera en casa.

Según los científicos, los hábitos surgen porque el cerebro tiene sus propias leyes. Y la ley fundamental es la *entropía*. Por esta ley, el cerebro tiende a ahorrar energía y repetir decisiones y lineamientos ya utilizados para no gastar energía extra. Si se enfrenta con nuevas situaciones o tiene que resolver nuevos desafíos o problemas, necesitará más energía y este esfuerzo energético es compensado con las hormonas del bienestar. Sin embargo, la tendencia basal del cerebro es ahorrar su energía, pues consume el 25% de la energía general del cuerpo y gastar de más puede afectar la supervivencia.

¿Cómo funciona este proceso cerebral? Es un bucle de tres pasos. El primero es la señal, el detonante que le indica al cerebro que puede poner el piloto automático y le dice qué hábito usar. Luego viene la rutina, la cual puede ser física, mental o emotiva, por último, está la recompensa, que ayuda al cerebro a descifrar si vale la pena recordar este bucle en particular en el futuro. Con el tiempo este bucle: señal-rutina-recompensa se vuelve cada vez más automático.

Las señales y las recompensas se entretejen hasta que surge una potente sensación de ansia y anhelo que termina de instalar el hábito. Como bien podemos leer en Charles Duhigg, *El poder de los hábitos*:

> ...los hábitos condicionan nuestro destino, sin embargo, no lo determinan, porque es posible cambiarlos o reemplazarlos. Por ello, es muy importante conocer el bucle de los hábitos, pues nos revela una verdad básica: cuando surge un hábito, el cerebro deja de

participar parcialmente en la toma de decisiones y se relaja o se distrae con otras tareas, por lo tanto, a menos que combatas los hábitos de forma deliberada o encuentres nuevas rutinas, el patrón se desarrollará de forma automática.

El simple acto de entender el funcionamiento de los hábitos y aprender su estructura hace más fácil que los controles o cambies, y, una vez que los desmontas por partes, es posible reajustar los engranajes.

Si pones habitualmente en juego un hábito del que casi no eres conscientes, pero, por alguna circunstancia de cambio de contexto se modifica la recompensa o la señal, volverás al viejo hábito que estaba instalado, el viejo hábito emerge de inmediato. Los hábitos nunca desaparecen del todo. En realidad, se quedan codificados en las estructuras del cerebro, lo cual es de una gran ventaja porque sería terrible que tuvieras que aprender a conducir de nuevo al volver de tus vacaciones. El problema es que el cerebro es incapaz de distinguir entre los hábitos buenos y los malos. Así que, si tienes malos hábitos, siempre estarán al acecho esperando las señales y las recompensas adecuadas.

Si no existieran los bucles de los hábitos, el cerebro se apagaría al sentirse abrumado por las minucias de la vida cotidiana. Sería tal la cantidad de datos que debería procesar para las cosas más simples de la vida que no podría trabajar en las más complejas. Literalmente quedaríamos trabados como cuando se abren muchas ventanas de la programación en nuestra computadora.

La gente que tiene lesiones en los ganglios basales, recuerda que es el órgano que tenemos en nuestro cerebro dedicado especialmente a controlar la utilización de los hábitos, tienen dificultades para realizar actividades básicas como abrir una puerta o decidir qué comer.

Si nuestros ganglios basales pierden su capacidad de funcionamiento, perdemos la capacidad de ignorar detalles insignificantes. Un estudio reveló que pacientes con lesiones en los ganglios basales eran incapaces de reconocer expresiones faciales, incluyendo muecas de miedo o de desagrado pues sentían una incertidumbre permanente sobre en qué parte de la cara concentrarse. Sin este órgano, perdemos el acceso a cientos de hábitos de los que dependemos a diario. Este "chip de hábitos" nos permite adaptarnos a una vida con crecientes desafíos.[1]

¿Hiciste una pausa a la mañana para decidir si te ponías el zapato izquierdo o el derecho? ¿Tuviste dificultades para decidir si lavarte os dientes antes o después de ducharte? ¡Claro que no!

Esas son decisiones habituales, sencillas, siempre y cuando tus ganglios basales permanezcan intactos, y las señales sean constantes.

Los hábitos, tanto como la memoria y la razón, son la base del comportamiento humano. Quizá no recordemos las experiencias que generaron nuestros hábitos, pero, una vez que se hospedan en nuestro cerebro, influyen en la forma en que actuamos cor frecuencia sin que lo notes.

Los científicos han aprendido que casi cualquier cosa puede ser una señal para que se geste el ritual anterior al hábito desde un detonante visual, como un caramelo

1. Fuente: https://www.leadersummaries.com/es/libros/resumen/detalle/el-poder-de-los-habitos

o un anuncio de televisión, hasta un lugar, una hora del día, una emoción, una secuencia de pensamientos o la compañía de ciertas personas. Las rutinas pueden ser sumamente complejas o sorprendentemente simples. Las recompensas van desde alimentos o drogas que causan sensaciones físicas hasta retribuciones emotivas, como los sentimientos de orgullo que acompañan el halago o la autocomplacencia. En casi todas las investigaciones y experimentos sobre hábitos, se los reconocen como poderosos, pero delicados.

Se pueden desarrollar sin que seamos conscientes de ello o los podemos diseñar de forma deliberada. Con frecuencia ocurren sin nuestro permiso, pero es posible reconfigurarlos si reorganizamos las partes que los componen. Los hábitos dan forma a nuestra vida diaria mucho más de lo que imaginamos. De hecho, son tan potentes que causan que el cerebro se aferre a ellos a expensas de todo lo demás, incluyendo el sentido común.

Por ejemplo, hay estudios que indican que las familias con niños no tienen la intención de consumir comida rápida de forma regular. Sin embargo, lo que ocurre es que la costumbre de una vez al mes, poco a poco, se convierte en una vez a la semana y, luego, en dos veces a la semana a medida que las señales y las recompensas crean el hábito, hasta que llega un punto en que sus hijos consumen una cantidad muy poco saludable de hamburguesas y papas fritas.

Estudiando el hábito de las familias, tanto de tomar refrescos o cosas azucaradas como de consumir comidas rápidas, investigadores de la Universidad del Norte de Texas y de Yale vieron cómo se incrementaba en forma gradual el consumo de comida rápida y hallaron una serie de señales y recompensas que la mayoría de los consumidores no se imaginaba que influían en sus comportamientos.

Descubrieron el bucle del hábito, del que ya hablé. Todos los sitios de comidas rápidas son muy parecidos porque las empresas intentan estandarizar de forma deliberada la decoración y el estímulo arquitectónico de las tiendas, así como el trato de los empleados con los clientes de modo que todo funcione como una señal congruente que active rutinas alimenticias.

Conociendo el mecanismo, hay que evitar la señal, hay que cambiar el recorrido, no pasar delante de estos sitios de comidas rápidas y generar nuevas rutinas con nuevas recompensas para adultos y niños.

Tanto si queremos instalar un hábito bueno como si queremos desinstalar un hábito negativo para nuestra vida, necesitamos encontrar primero una señal simple y evidente, es decir, cuál es la señal, cuál es el disparador que activa el hábito, la reacción, la respuesta inmediata, y segundo, definir con claridad la recompensa. Darnos cuenta de cuál es el regalo o el beneficio oculto o expuesto del hábito a cambiar y diseñar una recompensa o beneficio igual o más satisfactorio.

Como te imaginarás, estos mecanismos se encuentran muy utilizados en las estrategias de publicidad y de marketing. En este libro tomaremos consciencia de ellos para asimilarlos e incorporarlos en nuestro favor.

Usemos un ejemplo sencillo: tienes el hábito de lavarte los dientes cuando te levantas de la cama antes de desayunar, hay un disparador ahí, una señal que hace que necesites lavarte los dientes. Los científicos dicen que hemos aprendido a pasar la lengua por nuestros dientes, al sentir la boca un poco pastosa se detona la necesidad de tomar el cepillo, untar la pasta dental y llevarlo a la boca. Este hábito, que está totalmente incorporado y que es una rutina, tiene una recompensa. La recompensa de lavarnos los dientes es sentir esa especie de frescura, de sensación de limpieza que nos permite con comodidad interrelacionarnos con las personas con las que convivimos.

Ahora te voy a incorporar un nuevo concepto, el cuarto elemento del bucle, que es emocional, asociado a que el cerebro a medida que el hábito se va instalando y empieza a consolidarse comienza un proceso de anticipación de la recompensa. Este proceso se denomina *ansiedad neurológica*. Produce ansiedad, ansia, anhelo, deseo, entonces hace que sea irrefrenable el mecanismo, su activación y puesta en práctica. Se ha experimentado en laboratorios con roedores, con monos y, por supuesto, con personas, y el resultado es exactamente el mismo.

Los hábitos son tan poderosos porque provocan ansiedad neurológica. La mayor parte de las veces, las ansias emergen de forma tan gradual que no somos conscientes de su existencia, por lo que tampoco percibimos su influencia. Sin embargo, conforme asociamos las señales con ciertas recompensas, la ansiedad subconsciente surge en el cerebro y pone en marcha el bucle del hábito. Un científico de Cornell observó la potencia con la que las ansias de la comida y de los aromas afectan el comportamiento. Se enfocó en los centros comerciales y la ubicación de los locales de comidas. Observó que una marca que vendía rollos de canela no estaba en el salón con el resto de las franquicias de comida, se ubicaba en una zona más lejos y en locales próximos a pasillos, de manera tal que el olor a los rollos de canela viajaba a través de los pasillos y giraba por las esquinas sin interrupción, de modo que los compradores comenzaban a ansiar un rollo de forma inconsciente. Cuando los consumidores daban la vuelta a la esquina y veían la tienda que vendía los rollos de canela, el ansia ya se había convertido en un monstruo furioso que les hacía llevar la mano a la cartera sin siquiera pensarlo. El bucle del hábito se pone en marcha porque surge la sensación de ansiedad.

No tenemos una programación cerebral que nos haga ver una caja de galletas y ansiar dulce de inmediato, sin embargo, una vez que el cerebro aprende que la caja de galletas contiene azúcares y carbohidratos deliciosos empezará a anticipar el chispazo de azúcar y nos guiará hacia la caja. Si no comemos la galleta, se sentirá desilusionado y frustrado.

El aprendizaje de un hábito es básico y solo surge una vez que la persona comienza a anunciar la recompensa, por ejemplo, el dulce o el carbohidrato. Una vez que la ansiedad existe, actuaremos en forma automática.

Como vimos, así se crean los nuevos hábitos: juntando una señal, una rutina y una recompensa, y luego cultivando el deseo que desencadena el bucle. Pensemos por ejemplo en el tabaquismo. Cuando el fumador ve la señal, una caja de cigarrillos, su cerebro empieza a anticipar la descarga de nicotina. El simple hecho de ver los cigarrillos basta para que el cerebro ansíe la descarga de nicotina; si esta no llega, el deseo aumenta hasta que el fumador busca un cigarrillo sin siquiera pensarlo. Se ha automatizado el hábito, en este caso dañino.

No obstante, estas ansias no tienen autoridad absoluta sobre nosotros. Hay mecanismos que pueden ayudarnos a ignorar las tentaciones, sin embargo, para dominar el hábito debemos reconocer el deseo que lo impulsa. Si no nos hacemos conscientes de la anticipación, entonces somos como los compradores de rollos de canela que se encuentran atraídos en forma invisible hacia el local.

Tomemos como ejemplo la incorporación de hábitos de ejercicio frecuente, la razón por la que las personas continúan haciendo ejercicio físico es el reconocimiento de la recompensa específica que desean obtener y que empiezan a ansiar.

Para determinar las razones y motivaciones que permiten sostener la actividad física durante un tiempo prolongado, se experimentó con un grupo de quinientos estudiantes universitarios que hacían actividad física en forma frecuente, pautando con ellos un seguimiento digital durante los cinco años de la carrera. Sobre ese grupo de estudiantes se registraron los siguientes datos: el 98% de los encuestados dijeron que hacían ejercicio en forma habitual porque les generaba una sensación de bienestar, se habían acostumbrado a esperar y a desear las endorfinas y otras sustancias neuroquímicas producidas por el ejercicio físico; otro grupo de un 67% dijo que hacer ejercicio les generaba sensación de logro, habían empezado a anunciar la sensación regular de triunfo al llegar a su casa y tomar registro de su actividad y esa autorrecompensa les bastó para que el ejercicio físico se convirtiera en un hábito.

Si quieres salir a correr cada mañana, elige una señal sencilla, por ejemplo, ponerte las zapatillas antes de desayunar o dejar la ropa para salir a correr junto a la cama, y una recompensa clara, como un premio dulce al mediodía, la sensación de logro por la distancia recorrida o la descarga de endorfinas que te produce el ejercicio. Incontables estudios han demostrado que la señal y la recompensa por sí solas no bastan para mantener vigente un nuevo hábito, no es sino hasta que el cerebro empieza a esperar la recompensa, a anticipar las endorfinas o la sensación de logro, que el acto de ponerse las zapatillas cada mañana se vuelva automático, la señal además de activar la rutina también debe activar el ansia, el deseo de la recompensa futura.

EJERCICIO. ¡A PRACTICAR!

1. Escribe cinco hábitos cotidianos.
2. Elige uno de ellos (lavarse los dientes, ducharse, salir a caminar, preparar el desayuno, ordenar la ropa). Lee qué es el bucle del hábito e identifica cuál es la señal que dispara tu hábito, cuál es la rutina, qué es lo que ansías o deseas obtener como beneficio de ese hábito, y cuál es la recompensa concreta que esperas.

Capítulo 2

RESISTENCIA AL CAMBIO

El hábito es un compromiso entre el individuo y su entorno.

Samuel Becket

ESTABILIDAD Y CAMBIO. BENEFICIOS DE UN MAL HÁBITO: RECOMPENSA OCULTA

Como principio básico, cambiar un hábito genera distintos niveles de dificultad. Si es un hábito negativo, su rutina suele producir una recompensa inmediata. Incorporar un hábito positivo hace necesario que posterguemos la satisfacción inmediata y la recompensa fácil, para obtener un beneficio que llegará luego de algún tiempo y de esfuerzo sostenido.

El impulso hacia la satisfacción urgente, la rumia mental que nos tienta con el placer inmediato y las emociones que favorecen nuestros apegos adictivos, como la ansiedad, complica la decisión de cambio y nuestra mente inventa explicaciones tranquilizadoras para alejarnos del objetivo que nos hemos propuesto.

Por otra parte, si miramos nuestra biología cerebral, veremos que contamos con un órgano dedicado a la creación de las sustancias químicas de las diferentes emociones que se llama *amígdala*. Este órgano específico de la emocionalidad relaciona los procesos de cambio con el miedo y con la ansiedad. Por lo tanto, cuando iniciamos un proceso de mejora para adquirir un hábito saludable que nos cuesta implementar y que es incómodo, dado que tenemos que aprender nuevas conductas, la amígdala suele interpretar nuestro nuevo comportamiento, y su incomodidad, como una amenaza, por eso, genera los mecanismos defensivos propios de una amenaza real.

Desde el punto de vista sistémico, cada vez que emprendemos un movimiento de cambio se ponen en juego dos tendencias conductuales diferentes: la tendencia a impulsar el cambio y la tendencia a conservar el *statu quo* o estado actual de las cosas. Es un juego de fuerzas, de energías antagónicas permanente; de la armonía y calidad de relación de ambas energías depende nuestra salud (tanto psicofísica, como mental y espiritual).

Nosotros, como parte de la naturaleza, estamos asociados a la estabilidad y al cambio en un proceso de adaptación para la supervivencia. La estabilidad nos lleva a conservar y sostener, y el cambio, a generar procesos de adaptación y evolución. Mantener ambas fuerzas danzando sin polarizarnos es imprescindible. Por ley biológica, si un organismo no intercambia información con el entorno y se va adaptando a los nuevos datos y tendencias, perece. Lo mismo sucede con nosotros si nos aferramos a la estabilidad rígidamente. Por otra parte, un exceso en la polaridad del cambio, sin respetar tiempos y procesos, puede también llevarnos a la disolución. Cambiar todo de un momento para el otro, sin un sistema de cambio planificado y ecológico, puede generar una enorme cantidad de consecuencias no deseadas.

Un hábito, por definición, es un aprendizaje que hemos hecho en un momento dado de nuestra vida, a veces, ni siquiera sabemos cómo, ni cuándo, ni dónde, ni por qué comenzó. Sin embargo, ha quedado instalado en nuestro sistema y funciona de manera automática resolviendo variadas cuestiones operativas de la vida. Cuando llega el momento de cambiarlos, se resisten, como programas cibernéticos con vida propia, contando con la ventaja adicional de que operan en forma solapada, y, con frecuencia, ocultos a nuestra consciencia.

Cuando decidimos cambiar algún hábito, las fuerzas internas de la estabilidad, nuestro cerebro pidiendo que no gastemos energía (entropía); la resistencia al aprendizaje manifestada en la incomodidad que produce cualquier proceso de cambio consciente, y la afectación de nuestra manera de ser y reaccionar en el mundo, generan fricción y desalientan la creación de un hábito nuevo.

Empezar a transformar la raíz de un hábito, hacer evidentes las señales que lo activan, cambiar la rutina por nuevas repeticiones, por nuevas secuencias, generar recompensas atractivas en reemplazo de las viejas recompensas dañinas nos permitirán actuar diferente en nuestro entorno, ser distintos y provocar los resultados buscados. El medio ambiente, el contexto al notar esta situación, suele conspirar en contra de nuestro deseo de permutar un hábito negativo por uno positivo.

Todo proceso de cambio es un proceso de aprendizaje. Por definición, los procesos de aprendizaje implican desaprender un contenido ya guardado e incorporar un contenido nuevo.

¿Cuál es el beneficio oculto de no cambiar y permanecer igual?

Se vive la inercia del placer de lo conocido, se evitan situaciones incómodas en la falsa sensación de tranquilidad o de bienestar. No hay movimiento ni sobresaltos, el mismo lugar, el espacio de lo aprendido, de lo automatizado. Traemos a la reflexión, asociado a los hábitos, los procesos de aprendizaje y los elementos aprendidos y enseñados por la ontología del lenguaje[1].

Llamaremos *aprendizaje de primer orden* a aquel aprendizaje que requiere cambiar el hacer, las acciones, los métodos para obtener los resultados deseados.

Es aprender una "nueva manera de hacer" para conseguir algo que queremos. Por ejemplo: ¿cuál sería la metodología para aprender inglés? ¿Cómo debemos estudiar, a quién tenemos que contratar? ¿Qué práctica diaria en cuanto a horario de ejercitación es la adecuada? Luego, si así y todo el aprendizaje no se produce, o no tiene la calidad necesaria, hay una pregunta más profunda para formular: ¿qué necesitamos para aprender? ¿Qué debemos cambiar para cumplir con nuestro deseo?

Aquí aparece el llamado *aprendizaje de segundo orden* en la ontología del lenguaje. ¿Qué creencias están debajo de la dificultad para aprender inglés? ¿Qué sucede emocionalmente al estudiar ese idioma? El aprendizaje de este idioma refleja nuestra manera de mirar la realidad, posiblemente nos genere algunas emociones que no favorezcan el proceso de aprendizaje o lo vivamos como algo muy difícil de aprender, o porque sentimos que no somos buenos para los idiomas o que no se nos dan fácil los aprendizajes intelectuales, tal vez tengamos emociones encontradas porque nuestros abuelos italianos lucharon contra los ingleses en la Segunda Guerra Mundial... En fin, cantidad de temáticas asociadas a nuestra forma de ser y estar en el mundo que no colaboran con nuestro proceso de aprendiza-

1.Echeverría, Rafael. *Ontología del lenguaje*. Buenos Aires, Granica, 1994.

je. Diremos que hubo aprendizaje de segundo orden si cambiando nuestros juicios con respecto a aprender inglés, o aumentando la confianza en nuestros recursos intelectuales, se genera un cambio de observador que permite finalmente hablar en inglés.

A la hora de modificar un hábito deberemos implementar ambos aprendizajes (de primer y de segundo orden): cambiar las acciones, las rutinas, los métodos, los contextos, y, al mismo tiempo, diseñar cómo hacer conscientes las motivaciones de los hábitos negativos, exponiendo las señales y, en consecuencia, cambiar nuestra forma de ser, para producir un hábito nuevo positivo (deseado resultado).

De las fuerzas que obstaculizan el cambio, aparece como esencial analizar el contexto.

Se han realizado investigaciones de campo en diversas universidades que dan cuenta de las circunstancias que favorecen o no el cambio de hábito. La información sugiere que no incide en el cambio de un hábito negativo, conocer intelectualmente que el hábito es dañino; tampoco es útil usar la fuerza de la voluntad para modificar un hábito perjudicial. Sin embargo, dichas investigaciones sobre el comportamiento humano han detectado el enorme peso que tiene el contexto o medio ambiente para afianzar el hábito o para complicarlo.

En el tabaquismo se comprobó que tiene enorme incidencia en el consumo si el contexto lo favorece o lo dificulta. Tanto fue así que las leyes antitabaco produjeron en 50 años la reducción de un 50% en el consumo de tabaco en los EE. UU. Si una persona tiene adicción al tabaco y en cada cuadra hay máquinas expendedoras de tabaco y negocios de cercanía con las cajas de cigarrillos expuestas, si está permitido fumar en cualquier espacio, aparecen las ganas, la ansiedad neurológica y la gestión del nuevo hábito se vuelve muy complicado.

En cambio, cuando se prohibió la publicidad del tabaco, se intervino en las señales disparadoras que relacionaban el tabaco con un modelo mental masculino de virilidad o femenino de liberación.

Las nuevas normativas redujeron y fragmentaron el entorno de los fumadores, una vez que aparecía el ansia de fumar, no podían hacerlo en el bar donde habituaban beber una copa, tenían que salir a la calle a fumar; tampoco podían fumar dentro de las habitaciones de los hoteles. Si querían fumar en el horario laboral, debían tomar el ascensor de la oficina, bajar a la planta baja, salir a la calle y fumar, quedando registrado el tiempo en la ficha de presentismo.

Toda esta incomodidad en la vivencia del hábito, en el contexto del hábito, conspira contra el hábito de fumar en el trabajo, en los restaurantes, en los bares. La prohibición, luego de 10 años, hizo que el 60% de la población pudiera solo fumar en la casa o en el coche. Las prohibiciones no inciden en el deseo, pero ponen el hábito de fumar o cualquier otro hábito en conflicto directo con la legalidad, cuando en el espacio donde se ejecuta el hábito prohibido.

Si nos proponemos cambiar un hábito, necesitamos estudiar detalladamente el ambiente en el que lo realizamos.

Las leyes o las medidas sanitarias antitabaco restringen los estímulos de compra del tabaco. Se acabaron las máquinas expendedoras, se acabaron los anuncios publicitando el tabaco en las pantallas, se acabaron los cigarrillos a la vista en el bar, se acabaron los cigarrillos a la vista en los quioscos, había que pedirlos porque no se encontraban.

Algunas de las presiones que actúan sobre nosotros a la hora cambiar un hábito aparecen en forma de sentimientos, propósitos y actitudes que proceden de nuestro interior. Constituyen la parte de nuestro mundo o espacio vital que nos refleja. Si quieres empezar a dormir más, por ejemplo, ese deseo es una fuerza que te impulsa a irte a la cama antes y a sacar las pantallas de la habitación. Si una noche decides que tienes que quedarte trabajando hasta tarde, esa decisión es una fuerza restrictiva que actúa sobre tu pauta de sueño y te mantiene despierto. El psicólogo célebre Kurt Lewin decía que el contexto en el que nos hallamos, que él llamaba *ambiente*, también genera fuerzas que actúan sobre nuestra conducta.

El contexto abarca todo lo que te rodea, todo lo que no seas tú mismo, incluye el lugar en el que te ubicas, la gente con la que estás, la hora del día y las acciones que acabas de ejecutar, el teléfono móvil, por ejemplo, es al mismo tiempo un contexto físico y un espacio virtual externo a ti. Esas son las fuerzas exógenas que impulsan o frenan tus actos, así pues, hay una conocida ecuación de Lewin que dice que la conducta es una función de la persona y el contexto, o sea el ambiente. Las fuerzas restrictivas son una especie de fricción que dificulta la acción.

Lewin se servía de una idea de campo de fuerzas para explicar cuando cambiamos de conducta. Por ejemplo, las leyes antitabaco son fuerzas restrictivas que aumentan la fricción sobre el acto de fumar, lo complican. En cambio, otros elementos del contexto pueden inducir a fumar, lo impulsan. Puede que veas a otras personas encendiendo un cigarrillo y que eso te recuerde el sabor de fumar, esa fuerza externa puede impulsar o refrenar, puede aumentar la fricción o disminuirla, y eso incidirá sobre tu comportamiento.

Podemos pensar a nuestras vidas como campos de fuerza. Cada individuo genera algunas fuerzas dentro del ambiente que lo rodea. Hay fuerzas impulsoras y fuerzas restrictivas, como decíamos al comienzo de este capítulo, hay fuerzas que nos impulsan al cambio y hay fuerzas que nos impulsan a sostener y a conservar. Nosotros podemos aprovechar premeditadamente algunos inhibidores de fricción que forman parte en nuestra vida cotidiana. Sabemos que es más fácil ahorrar si hacemos una transferencia automática programada de la cuenta donde ingresan nuestro sueldo a nuestra cuenta de ahorro. A pesar de que al principio cuesta, con el tiempo dejamos de notar esa merma en nuestro disponible mensual. Este automatismo que es una fuerza impulsora nos permite ahorrar regularmente cada vez que cobramos. Las estrategias de marketing utilizan las fuerzas impulsoras para reducir la fricción sobre la compra y favorecer el impulso que nos lleva al consumo. Las fuerzas impulsoras son también responsables de las sesiones maratónicas de series que llevan a quedarnos sentados, relajados y cómodos viendo una serie, capítulo tras capítulo, pues como espectador no tenemos que mover un músculo ni tomar una decisión de ver el capítulo siguiente que comienza casi automáticamente.

Por lo tanto, si queremos generar un proceso de cambio de un hábito, las fuerzas que refrenan el cambio, que nos complican a la hora de cambiar, merecen ser escuchadas y tomar decisiones acerca de nuestro medio ambiente. Cualquier conducta adictiva, cualquier hábito que nos perjudique, tiene cómplices. Tenemos la heladera o las alacenas llenas de lo que no tenemos que comer. Tenemos a mano los cigarrillos, los medicamentos, planes para relajarnos que se contraponen con nuestro deseo de hacer ejercicio. Si nos rodean personas que no colaboran con nuestros objetivos de cambio, y no hay ningún cambio en el medio ambiente que nos rodea, será arduamente difícil que gestemos un compromiso con un hábito nuevo y saludable.

La señal por la cual arranca el bucle del hábito está generalmente en nuestro medio ambiente, por lo tanto, si la señal que se encuentra en nuestro contexto no es eliminada, invisibilizada, será difícil cambiar el hábito. Esta es una trampa que solemos hacernos.

EJERCICIO. ¡A PRACTICAR!

1. Elige un hábito que quieras activar en tu vida.
2. Describe el contexto actual de este hábito.
3. Escribe las señales de este contexto que te impulsan al hábito viejo.
4. Describe el medio ambiente más adecuado para favorecer tu nuevo hábito.
5. Anota una persona que pueda ayudarte y motivarte al cambio.
6. Escribe 3 cosas que necesitas cambiar de tu entorno para aplicar el nuevo hábito.

Capítulo 3

MITOS, CREENCIAS Y ACTITUDES QUE NOS CONDICIONAN

Lo que nos mete en líos no es lo que ignoramos. Es lo que sabemos con seguridad y no es del todo así.

MARK TWAIN

EL HÁBITO SE CONSTRUYE MÁS POR EL CONTEXTO QUE POR LA VOLUNTAD.

El hábito crece en un contexto de estabilidad, y la voluntad interviene poco en la incorporación del hábito. Muchas veces no decidimos ese aprendizaje, como sucede con los hábitos aprendidos en la infancia.

Si deseas establecer un nuevo hábito, necesitas organizar tu vida para que se estimulen de manera constante las señales que lo activan y las circunstancias que lo favorecen, como respetando el libreto teatral.

Por ejemplo, las personas que habitualmente desayunan café antes de iniciar su actividad diaria tienen toda una secuencia de actos vinculados que sostienen ese hábito y el resto de los automatismos matutinos. Hay un horario fijado para despertar, la cafetera se enciende apenas se levantan, toman el café y salen a correr media hora.

Vuelven y llevan a sus hijos al colegio. Esta costumbre implica que hay café molido, que la cafetera funciona, que hay agua en su casa, que el celular sonó y que estaban las zapatillas y el jogging al lado de tu cama al levantarse.

Bastaría un cambio, como no tener agua, que no sonara el teléfono o se hubiera olvidado de comprar café, para que se trastoque la rutina, teniendo que tomar decisiones no previstas antes de que aparezcan los emergentes.

Llamaremos a la actitud de conservar las circunstancias que mantienen la relojería de nuestros automáticos como *buenos hábitos, buenas compañías*. Es tomar consciencia de todo lo debes diseñar y establecer, sin cambios, para que el nuevo hábito se incorpore y prospere.

LOS HÁBITOS SE INSTALAN POR REPETICIÓN DE RUTINAS Y CONTEXTOS NO POR FUERZA DE VOLUNTAD.

Es esencial la coherencia en el entorno, es decir, *qué hace fácil seguir los pasos sin pensar. Nuestro cerebro funciona con un doble comando, se activan constantemente dos dispositivos cerebrales*: el dispositivo de la conciencia cognitiva y el dispositivo del hábito, que involucran dos partes del cerebro diferentes. El cerebro descansa en la secuencia de hechos automáticos —hábitos— y trabaja arduamente cuando tiene que decidir en forma consciente.

La coherencia del ambiente, que llamamos *buenas compañías*, se refiere a todo lo que nos rodea. Los lugares, los aparatos electrónicos, las personas, los horarios, y otras acciones son señales estables que se asocian al ejercicio de la rutina.

Sintetizando lo dicho, podemos intentar una definición funcional de hábito como "una asociación mental entre una señal del contexto y una respuesta que se desarrolla al repetir una acción en ese contexto para obtener una recompensa".

Un hábito, en realidad, es solo una forma de automatismo que nos permite incorporar formas inconscientes que, sin esfuerzo alguno, nos llevan a un patrón de conducta positivo o negativo.

LOS HÁBITOS SON PODEROSOS, PARA BIEN Y PARA NO TAN BIEN.

Las secuencias automáticas que nuestro cerebro ensambla cuando hacemos repetidas veces lo mismo de la misma manera se designan como *memoria procedimental*. Es el tipo de memoria que permite que aunque pasemos un largo tiempo sin andar en bicicleta, a poco de volver a pedalear, se active nuevamente el equilibrio y se vuelva a montar una bicicleta como si nunca se hubiera dejado.

Una vez que el hábito pasó al circuito neuronal de la memoria procedimental, cada vez que actuamos de la misma manera, la huella que deja en la memoria se fortalece. Poco a poco, el hábito queda fijado y, entonces, lo tenemos disponible por default, es decir, ante la ausencia de una decisión o de otro hábito, ese hábito guardado en nuestra memoria procedimental se activará automáticamente.

ACTUAR POR HÁBITO NOS HACE MÁS LIBRES PARA OCUPARNOS DE LO IMPORTANTE.

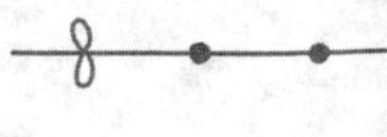

Este modo de actuar deja libre nuestra mente consciente para que pueda ocuparse de las tareas importantes, como la resolución de problemas. El sistema ejecutivo cerebral ya no tiene que ocuparse de la rutina cotidiana, de esa parte se ocupan nuestros hábitos, quedando libres cognitivamente para ejecutar tareas más elevadas. Hay personas notables, como Barack Obama o Mark Zuckerberg, por ejemplo, que eligen un mismo estilo de ropa para desempeñar su rol diariamente. Cuando era presidente, Obama utilizaba trajes grises oscuros o azules durante todo su mandato. Eso le permitía, según él mismo explicaba, no tomar decisiones poco trascendentes en lo cotidiano con el fin de tener espacio para tomar las decisiones trascendentes de las que tenía que ocuparse. Se adhería a una agenda estricta para su desayuno, almuerzo, cena, menú diario de comidas, estilo de ropa, baño, actividad física, y solo tenía un espacio discrecional para aquellas decisiones importantes donde tenía que estar realmente atento, utilizando la parte cerebral dedicada al control operativo y ejecutivo consciente.

Somos conscientes de nuestras acciones cotidianas.

Habitualmente tenemos la creencia de que nuestros actos obedecen a nuestra elección libre y consciente, que elegimos y decidimos individualmente todo lo que hacemos. Esta creencia es, en gran medida, un mito.

Esta creencia es cierta solo en lo relativo al sistema de control operativo y ejecutivo del cerebro; en lo restante, las acciones cotidianas están en manos de los hábitos, son automáticas, inconscientes y se disparan ante la señal correspondiente.

Por lo tanto, trabajamos y funcionamos en la vida bajo un doble comando: el comando *habitudinal*, oculto a nuestra conciencia, que toma decisiones cotidianas y el comando *ejecutivo*, que se ocupa en forma consciente de elegir y decidir.

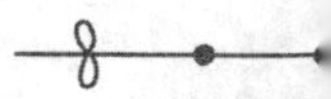

La perseverancia está en la base de la construcción de un hábito.

Perseverar en el sentido de repetir una vez y otra vez la rutina. La perseverancia, el esfuerzo y la disciplina no inciden cuando el hábito ya está incorporado. Una vez que el automatismo se instaló, se acciona como "por arte de magia", con facilidad.

CREENCIAS QUE OBSTACULIZAN TU DESARROLLO (VOCES INTERNAS QUE SE RESISTEN AL CAMBIO)

Cuando decidimos incorporar un nuevo hábito aparecen las creencias que sostuvieron el viejo hábito hasta elegir el cambio.

Allí se produce un "choque de creencias", como si dos programas contrapuestos de la computadora se activaran al mismo tiempo.

Este contrapunto dificulta y, a veces evita, la creación de un nuevo hábito.

Por lo tanto, conocer las creencias ocultas y exponerlas permite reconocerlas y desafiarlas para que no operen desde la sombra.

La mayoría de las creencias, las suposiciones y los prejuicios están asociados a algo de nuestra identidad. La identidad se trata de lo que crees. Cuando se trata de desarrollar hábitos perdurables, el problema no radica en definir qué resultados pretendes obtener, o qué cambios necesitas instrumentar, sino en definir en qué dirección radica tu cambio y en quién te quieres convertir.

De ahí que sea tan importante investigar qué creencias sostienen tus hábitos negativos y cuáles creencias debes instalar para llevar a cabo hábitos positivos.

Entonces, al tiempo de diseñar un nuevo hábito, deberás también pensar en quién te vas a convertir luego de que actúes según este hábito, las nuevas creencias sobre ti mismo que surgirán a partir de la nueva forma de accionar y las que ya no te sirven más para tu nueva versión.

Por ejemplo, si quieres incluir un hábito de ahorro, tienes que preguntarte qué opinas de las personas que son ahorrativas, y qué piensas de vos siendo ahorrativo.

Si decides empezar a incluir hábitos de mayor disciplina alimentaria, cambiarán tus hábitos, también tu imagen, tu forma de comprar, de almacenar los alimentos, los horarios de comida y la cantidad de agua.

Quién vas a ser vos más delgado, más prolijo en la compra y elaboración de comidas, cómo te sentirás comiendo diferente en la reunión de amigos, diciendo que no a la cerveza o a las papas fritas.

Y si la actividad física empieza a ser una prioridad para vos, qué dirás de vos siendo disciplinado en lugar de perezoso con respecto al entrenamiento corporal. ¿Qué opinabas de los que hacían ejercicio antes de empezar a hacerlo? ¿Y qué dejaste de hacer para incluir este hábito?

LA CONDUCTA QUE NO ES COHERENTE CON LA IDEA O PERCEPCIÓN QUE TIENES DE TI MISMO NO SERÁ DURADERA.

Puedes querer tener dinero, pero si tu identidad es la de una persona que consume en lugar de crear, seguirás siendo proclive a gastar más que a ganar. Puedes querer mejorar tu salud, pero si tu prioridad es la comodidad más que el esfuerzo, seguirás prefiriendo relajarte y descansar más que entrenar. Es muy difícil cambiar tus hábitos si no cambias las creencias subterráneas que te condujeron a las conductas que deseas cambiar. Tienes una nueva meta y un plan, pero no te has transformado a vos mismo.

EJERCICIO. ¡A PRACTICAR!

1. Elige un hábito que quieras incorporar a tu vida.
2. Anota los beneficios que crees te traerá este nuevo hábito.
3. Escribe 5 creencias que expliquen por qué todavía no es un hábito.
4. Imagina que ya se convirtió en tu hábito: ¿qué creencias nuevas se instalaron? ¿Qué dirías de alguien que tiene este hábito?

Capítulo 4

ADQUIRIR NUEVOS Y BUENOS HÁBITOS: ILUMINANDO EL CAMINO

Si nos encaminamos en la buena dirección,
lo único que hay que hacer es seguir andando.

JOSEPH GOLDSTEIN

Para generar un cambio de conducta e incorporar un hábito nuevo tenemos que considerar tres aspectos diferentes que influyen en que un resultado positivo se produzca.

El primer aspecto es enfocarnos en cambiar los resultados. En este nivel la decisión del cambio se apalanca en obtener resultados diferentes a los actuales. Un resultado deseado (como publicar un libro, bajar de peso, ganar un campeonato de ajedrez, o cualquier otra meta) comienza con la consciencia de la brecha entre lo que sucede y lo que se quiere conseguir.

El segundo aspecto para analizar es la secuencia de acciones que causaron los resultados hasta aquí, lo que habitualmente se llama *proceso*, para poder modificarla. En este nivel, el cambio se relaciona con la forma de realizar lo propuesto, con los sistemas para implementar la nueva rutina. Por ejemplo, diseñar el momento del día y el estilo de rutina para ir al gimnasio, organizar tu escritorio para tener un mejor flujo de trabajo, desarrollar una práctica de meditación, poner un horario de lectura para el próximo examen. La mayoría de los hábitos que desarrollas están fuertemente afectados por este aspecto.

El tercero se relaciona con el cambio de identidad. En este caso, el cambio se produce en las creencias que sostienen el accionar habitual, la manera de ver el mundo, la percepción de la propia imagen, los juicios con relación a los demás. Cuando nos proponemos modificar resultados y secuencias de conductas (procesos) no siempre nos damos cuenta de que desarrollar hábitos perdurables termina afectando nuestra identidad privada y pública.

Para aportar algunos ejemplos: la meta no es leer un libro, sino convertirse en lector; la meta no es correr una maratón, es convertirse en un corredor; la meta no es aprender un instrumento musical, es convertirse en músico. Las conductas suelen ser un reflejo de la identidad. *Lo que haces es un indicador del tipo de persona que crees que eres*. Las investigaciones han demostrado que una vez que la persona cree que "es" de un determinado modo, es más proclive a "actuar" de acuerdo con esa creencia. Por ejemplo, las personas que se identifican a sí mismas como votantes son más proclives a emitir el voto que las personas que solo manifiestan su intención de votar. De la misma manera, la persona que incorpora el ejercicio físico a su vida no tiene que convencerse a sí misma de entrenar. Lo que le hace bien se convierte en sencillo de poner en práctica. Después de todo, cuando tu conducta y tu identidad están sincronizadas, ya no intentas lograr cambios de conducta, simplemente estás actuando como la persona que crees que eres.

Retomando el tema enunciado en el capítulo 2, sobre los estilos de aprendizaje, el aprendizaje asociado al primer orden (acción-resultado) sin transformar la creencia de base (aprendizaje de segundo orden —cambio de mirada y de forma de ser—) producirá que nos quedemos a mitad de camino, y el nuevo hábito solamente perdurará si está asociado a la modificación de la creencia, no en virtud del esfuerzo. La conducta deseada se producirá como consecuencia y efecto de quién eres.

Por otra parte, incorporar un hábito positivo, reconocerse capaz de actuar como la persona con las cualidades y habilidades deseadas, aumenta la confianza para seguir ampliando y expandiendo la capacidad de acción y modificando asertivamente las creencias limitantes.

Dicho esto, vamos a valernos de la colaboración de la ciencia, en particular de las neurociencias y de las investigaciones en el ámbito del cerebro, para entender cómo trabajan los hábitos y cómo podemos crear el camino para instalar un hábito nuevo en forma efectiva.

El llamado *ciclo del hábito* tiene cuatro pasos que lo estructuran y que muestran lo que nuestro cerebro necesita, y en qué orden, para que el hábito se genere con la fuerza de la repetición y se termine incorporando a nuestra vida. El bucle neuronal, en cambio, es cómo se incorpora el hábito en nuestro cerebro. Este esquema llamado ciclo del hábito permite sistematizar los pasos para aprender hábitos positivos y desaprender hábitos nocivos.

El proceso comienza con una señal que desencadena una determinada conducta, como si tocaras un interruptor, una palanca. Se trata de una información que anticipa la recompensa como cuando ves un pedacito de chocolate y anticipas el sabor en tu boca y el placer que te provoca. Nuestros ancestros prehistóricos se mantenían atentos a señales que indicaban la localización de recompensas primarias, como alimento, agua y sexo. En nuestros días pasamos la mayor parte del tiempo esperando señales que anticipen recompensas secundarias, como el dinero, la fama, el estatus, el poder, el reconocimiento, la aprobación, el amor, la amistad y un estado de realización personal. Perseguir estas recompensas secundarias también incrementa, aunque de manera indirecta, nuestras posibilidades de supervivencia y reproducción que, en última instancia, son el motivo primordial de todo lo que hacemos. Nuestra mente analiza el medio ambiente interno y externo para localizar las pistas de dónde se localizan las recompensas. Las señales dan la primera indicación de que hay una recompensa cercana y eso, naturalmente, nos conduce al anhelo, al deseo de alcanzar dicha recompensa.

En el segundo paso se relaciona con el ansia. Los anhelos son la fuerza motivacional que hay detrás de un hábito. Lo que anhelamos no es el hábito en sí mismo, sino el cambio de estado que trae consigo. Lo que deseas, por ejemplo, no es incorporar un hábito de levantarte a las 5 a. m., lo que anhelas son todos los beneficios que te traerá, como mayor productividad, más rentabilidad, una identidad asociada a ser más eficiente, ser un trabajador efectivo. No anhelas fumar un cigarrillo, deseas el estado de relajación que produce; no te sientes motivado a cepillarte los dientes, sino a disfrutar de la sensación de tener la boca limpia. Cada anhelo está unido al deseo de cambiar un estado interno. Este es un punto importante, los anhelos difieren de una persona a otra. Cada información podría desencadenar un deseo, pero, en la práctica, las personas son motivadas por diferentes señales.

Las señales en sí misma no significan nada. Empiezan a ser significativas para nosotros por la interpretación que les adherimos. Los pensamientos, los sentimientos y las emociones del observador que somos al momento de recibir la señal son los que interpretan esa señal y la convierten en un deseo.

El tercer paso en la generación del hábito es la rutina o la respuesta a la señal. La característica del pensamiento o la acción que opera como respuesta depende de cuán motivado estés. También influye cuánta tensión o resistencia esté asociada con la conducta por incorporar. Si una acción particular requiere un mayor esfuerzo físico y mental del que estás dispuesto a invertir, entonces no lo realizarás. Tu respuesta depende de tu habilidad; un hábito solo puede ocurrir cuando eres "capaz de realizarlo". Si quieres clavar una pelota en un aro de básquet, pero no puedes saltar lo suficientemente alto para lograrlo, no tendrás ninguna oportunidad de hacerlo. Finalmente, la respuesta te lleva a la recompensa. La recompensa es la meta final de cada hábito, el cuarto y último paso. La señal te permite darte cuenta de cuál será la recompensa, el anhelo es el que te motiva y te da ganas de obtener la recompensa y, por último, la respuesta consiste en obtener la recompensa. Perseguimos las recompensas porque nos sirven para dos propósitos: nos satisfacen y nos enseñan.

El primer propósito de la recompensa es satisfacer el deseo. Las recompensas proporcionan beneficios por sí mismas, como los alimentos y el agua que nos proporcionan la energía para sobrevivir. El trabajo nos brinda un salario y nos permite la supervivencia de nuestra familia. Ponerse en forma y tener mejor salud aumenta nuestras posibilidades de sociabilizar. El beneficio más inmediato de la recompensa es que satisface el anhelo de comer, de ganar estatus o de obtener aprobación. El segundo propósito de la recompensa es enseñarnos qué acciones valen la pena recordar en el futuro. El cerebro es un "detector de recompensas", conforme avanzamos en la vida, el sistema nervioso sensorial está monitoreando constantemente qué acciones satisfacen los deseos y producen placer. Los sentimientos de placer y decepción son parte de los mecanismos de retroalimentación que ayudan al cerebro a distinguir acciones útiles de acciones inútiles. Las recompensas cierran el circuito de retroalimentación y completan el círculo de los hábitos.

Si una conducta es ineficaz en cualquiera de estas cuatro etapas: señal, ansia, recompensa y respuesta no se convertirá en un hábito. Si eliminas la señal, tu hábito nunca va a comenzar; si reduces la motivación y el deseo es débil, no encontrarás fuerza para actuar; si la conducta es demasiado difícil, no serás capaz de realizarla, y si la recompensa es incapaz de satisfacer tu deseo, entonces no habrá razón para que la repitas en el futuro.

Podemos dividir estos cuatro pasos en dos fases: la *fase del problema y la fase de la solución*. La fase del problema incluye la señal y el anhelo; ocurre cuando nos damos cuenta de que es necesario cambiar algo. La fase de la solución incluye la respuesta y la recompensa; tiene lugar cuando nos decidimos a tomar acción y lograr el cambio que deseamos.

Toda conducta está dirigida por el deseo de resolver un problema como punto básico. Si no sientes que hay algo para resolver, un problema en el que actuar, una situación en la que debes intervenir, no habrá manera de incorporar un hábito nuevo.

Algunas veces, el problema consiste en descubrir algo bueno que quieres obtener, como cuando te preguntan qué quieres hacer de tu vida, qué te hace feliz, qué es lo que te gusta hacer, cuál es tu afición, en qué actividad de disfrute te enfocarías y no lo sabes. Tienes que indagarte, investigar y trabajarte.

En otras ocasiones, el problema es que estás experimentando dolor y quieres eliminarlo. De cualquier manera, el propósito de cada hábito es resolver los problemas que enfrentas. No es lo mismo ir por una recompensa positiva que evitar la recompensa negativa. Necesitamos aprender a actuar en positivo "ir hacia" en lugar de evitar "huir de" lo que deseamos.

Ahora bien, para que el cambio de conducta se produzca en la aplicación de los cuatro elementos del ciclo del hábito, las señales, el anhelo, la respuesta y la recompensa, estos deben suceder de manera tal que hagan posible la incorporación del hábito. Por lo tanto, crear un nuevo hábito nos pone de cara a la primera ley del hábito: "hacerlo obvio". Lo hacemos obvio cuando la señal es clara, efectiva y directa. Segundo paso: para producir deseo, entusiasmo en generar este cambio, debemos hacerlo atractivo y seductor. Luego, la respuesta, la acción que ha desencadenado la señal tiene que ser sencilla, la rutina tiene que ser sencilla, el proceso ideado debe ser sencillo; y, por último, la recompensa tiene que producir satisfacción, tanto el premio como el ansia neurológica que despierta su anticipación deben ser satisfactorios.

Aquí aparecen las preguntas: ¿Cómo hacemos que una señal sea obvia? ¿Cómo hacemos que un anhelo sea atractivo? ¿Cómo hacemos que el hacer sea sencillo y satisfactorio?

Si queremos eliminar un hábito nocivo el proceso es inverso: necesitamos hacer invisible la señal, necesitamos hacerlo poco atractivo para que no nos entusiasme, necesitamos hacer difícil la respuesta o la acción o la rutina y necesitamos que se convierta, en función de la recompensa, en una accionar no satisfactorio.

El ciclo que inicia con la señal presenta el desafío de que nos mantengamos conscientes de lo que estamos haciendo. Lo ideal es ir verbalizando los pasos. ¡Sí!, decirlos en voz alta, escribirlos en lugares visibles, tener consciencia de los pasos del proceso. Supongamos algo así como: me levanto, apago la alarma del celular, reviso mis mensajes, me baño, me lavo los dientes, me desodorizo, me perfumo, me visto, me preparo una taza de café y luego del café he decidido incorporar mi nuevo hábito que son 10 minutos de meditación. Es decir, conozco y hago conscientes mis hábitos e incorporo el nuevo pegado a uno ya instalado hace tiempo.

Por eso, antes de elegir la señal que vamos a diseñar para incorporar el nuevo hábito y en qué momento del día incorporar la acción que va a crearse en nuestra nueva rutina, es importante que llevemos durante unos días un "registro pormenorizado de los hábitos". ¿Para qué? Para tomar consciencia de los hábitos que se repiten y cuál vamos a elegir como señal ya automatizada para hacerla visible y agendarla para nstaurar el nuevo hábito.

Poner un mensaje en nuestro computador, generar una alarma ante alguna señal particular que será el disparador para la nueva conducta, por ejemplo: termino de tomar el café y hago 10 minutos de meditación, vuelvo a la tarde de trabajar y, apenas me saco los zapatos, me pongo las zapatillas para salir a trotar.

El concepto importante es: las personas que hacen un plan específico mediante el cual determinan cuándo y dónde van a realizar un nuevo hábito tienen más probabilidades de hacerlo con éxito que aquellas que no lo registran y que no lo hacen consciente como un plan específico.

Si decimos que vamos a comer de manera más saludable no lo podemos dejar al azar. Debemos implementar la intención de manera tal que asigne en nuestra agenda el momento en que vamos a ir a comprar la comida saludable, el momento en que vamos a cocinar la comida saludable, escribir o copiar un plan de alimentación con sus horarios y seguirlo ante un estímulo o una señal determinada.

Muchas veces pensamos que lo que nos falta es motivación para incorporar una nueva actividad o rutina cuando, en realidad, lo que nos falta es claridad. No siempre resulta claro cuándo y dónde hay que realizar una acción. Algunas veces pasamos la vida entera esperando el momento correcto para realizar una mejora, una vez que la intención de implementar lo nuevo se determina, necesitamos orientarnos a desarrollar esa acción, pensar en qué momento lo haremos, y tomar la dirección de hacerlo consciente y determinar un plan de antemano.

En el punto dos del ciclo del hábito necesitamos relacionar la motivación con el contexto que nos puede llevar al éxito. Recuerda que en el capítulo 2 estuvimos hablando del poder del contexto en detrimento de la fuerza de voluntad. De igual manera, la motivación y las ganas de incorporar algo nuevo tienen menos peso a la hora de adquirir un hábito nuevo que el diseño del medio ambiente.

Voy a dar algunos ejemplos sencillos: si al acostarnos tenemos que tomar una medicina, cada noche el frasco de las pastillas tiene que estar en el lugar donde sí o sí vamos a pasar antes de acostarnos, o sobre la pileta del baño o en la mesa de luz, en lugares donde habitualmente nos detenemos antes de acostarnos. Si queremos aprender a tocar la guitarra, es preciso colocarla en la sala de estar; si queremos beber más agua, tenemos que llenar las botellas y colocarlas en lugares visibles del hogar.

Por lo tanto, los pequeños cambios de contexto son los que conducen a los grandes cambios de la conducta.

Con el tiempo, somos más proclives a notar señales que se destacan, hay que ponerse llamadores, recordatorios, para que los nuevos hábitos empiecen a formar parte de nuestro medio ambiente. Gradualmente, comenzamos a asociar nuestros hábitos no solamente con un disparador aislado, sino con todo el contexto que rodea cierta conducta.

Para aumentar la motivación y facilitar la construcción de un hábito nuevo es importante considerar cómo son evaluados los nuevos hábitos por las personas y grupos que integramos. La motivación y el entusiasmo se incrementan si en los grupos humanos a los que pertenecemos tienen hábitos similares o aprecian claramente los hábitos que pretendemos crear.

En general, imitamos los hábitos de tres grupos de pertenencia: los grupos de las personas cercanas (amigos y familia), los grupos numerosos o tribu social, y los grupos de personas con poder y estatus social o económico.

Cuando los amigos generan algún hábito, dicha práctica tiene impacto directo sobre nuestras costumbres. Si nuestros amigos son de consumir alguna droga, es probable que la probemos; si nuestros amigos se mantienen en buena forma física, es probable que nos motivemos a realizar actividad física y a comer en forma más saludable. Imitar esos hábitos saludables y unirse a un ambiente en donde el hábito deseado es el comportamiento normal y cotidiano convierte a nuestro anhelo en más atractivo y seductor.

Que nos juntemos con gente con la que tenemos intereses comunes ayuda a nuestro cerebro a gestionar la incorporación de los hábitos nuevos que esas personas ya tienen funcionando en su vida. Una de las estrategias más efectivas para construir buenos hábitos consiste en unirse a un ambiente donde las conductas que deseamos adquirir sean las conductas normales de las personas que lo conforman.

Nada mantiene mejor la motivación que pertenecer a una tribu o grupo. Transforma una misión personal en una misión compartida. Antes de formar parte de la tribu, estaba solo nuestra identidad individual; la identidad compartida comienza a reforzar nuestra identidad individual y favorece la inclusión de un nuevo hábito.

Por otra parte, si lo vemos por oposición, cuando nuestro cambio de hábitos constituye un desafío para el sentido de pertenencia a la tribu, el cambio se torna poco atractivo. De allí que lo mejor en ese caso, particularmente cuando hay adicciones o espacios cercanos a la delincuencia, es perentorio y urgente gestar nuevos grupos de pertenencia.

Cuando el cambio implica armonizar con el resto del grupo se vuelve más atractivo.

Hay que tener consciencia de que incorporar un hábito mal considerado o disruptivo para el grupo de pertenencia familiar o social va a implicar un enorme esfuerzo. Su incorporación significará trabajarlo en un entorno hostil que dificultará la sensación de pertenencia, por lo tanto, hay que evaluar su factibilidad y su relevancia para la vida, antes de darse a la tarea, porque se activarán creencias obstaculizadoras del cambio y emociones contradictorias.

Otra manera de facilitar la inclusión de un hábito y hacerlo atractivo es relacionarlo con un grupo exitoso o que sea referente por poder, prestigio o estatus. Relacionar grupo de éxito con el hábito por gestionar lo posiciona como seductor y atractivo. Si el grupo aspiracional, al que admiramos y queremos pertenecer, se levanta a las 5 de la mañana, y nos venimos planteando levantarnos más temprano, esta relación hará que el nuevo hábito se vea ante nuestros ojos con mayor entusiasmo.

Vincularse mental y emocionalmente con los poderosos, con un grupo particular de élite, permite reforzar el deseo y la inclusión de ese hábito. Al relacionar hábito con grupos de éxito, además, anticipamos la recompensa que pretendemos generar, pues ya la vemos real en el grupo de pertenencia que tiene poder, estatus y prestigio.

El ambiente en el que vivimos condiciona nuestra percepción de cuáles son las conductas más seductoras para nosotros. Tendemos a adoptar los hábitos elogiados y aprobados por el ambiente. Sentimos como natural el surgimiento de ese deseo de integrarlo y de pertenecer a la tribu. Recordemos que tendemos a imitar los hábitos de estos tres grupos sociales: el reducido (familia y amigos), el amplio (la tribu) y el poderoso (los que cuentan con el estatus elevado y el prestigio).

Insisto, una de las estrategias más efectivas para construir mejores hábitos consiste en unirse a un ambiente donde la conducta deseada ya sea un comportamiento normal y habitual. Y el sentido de pertenencia facilita la inclusión del comportamiento deseado, pues, como individuos, muchas veces preferimos pertenecer, aunque estemos equivocados, que estar solos y en lo correcto. Si cierta conducta puede proporcionarnos aprobación, respeto y elogios, la encontraremos atractiva.

En el tercer paso del ciclo del hábito necesitamos poner en juego una acción, una rutina que, a fuerza de ser repetida, genere un nuevo hábito. Para que esto suceda es fundamental "hacerlo sencillo", debe ser muy fácil realizar el primer paso, de manera tal que podamos llevarlo adelante sin casi dificultad. Esa es la clave: hacer algo que nos resulte tan sencillo que no podamos resistirnos, como ponernos las zapatillas, caminar 5 minutos, meditar 5 minutos, hacer 10 respiraciones.

Comenzar por "pequeños pasos" lo que habitualmente se llama *"baby steps"* que no nos lleven más de 2 minutos. Hay que vencer la resistencia en los primeros dos minutos. Al haber resistencia a la incorporación de un nuevo hábito, esos dos minutos tienen que verse muy amigables para llevar adelante la tarea.

La clave es empezar con la repetición del hábito y hacerlo por repetición sin fijarte en la calidad de la acción. No importa la perfección, sino la acción. Importa ponerse manos a la obra y hacer repeticiones sin evaluar cómo las estamos haciendo.

Por lo tanto, en el tercer paso del ciclo del cambio de conducta del hábito es fundamental hacerlo sencillo. La manera más efectiva de aprender es practicar, no planear, mandarse a la acción en forma directa, enfocarse en actuar realmente en lugar de solo ponerse en marcha. Es decir, hacerlo en forma consciente. La formación de hábitos es el proceso mediante el cual una conducta progresivamente se vuelve más automática mediante la repetición frecuente. La cantidad de tiempo que llevemos realizando un hábito no es tan importante como el número de veces que hayamos realizado la rutina.

Volvemos a aplicar la ley de nuestro cerebro para hacer sencillo un nuevo hábito que es "la ley del menor esfuerzo". Si queremos cambiar un hábito, en los primeros momentos la repetición de una determinada conducta debe llevarnos el menor esfuerzo posible. Si queremos beber más agua, empezaremos por un vaso adicional por día, en lugar de tomarnos los dos litros de una vez todos los días, si no, será más difícil de incorporar el hábito. Por lo tanto, son conductas repetidas que tienen mucha facilidad de implementación. Si queremos caminar más, mejor empecemos a caminar 5 minutos por día, en lugar de querer caminar 45 minutos por día, porque si la tarea se vuelve empinada y dificultosa, su abandono será mucho más rápido y será difícil que la repetición se sostenga en el tiempo.

Tengamos presente: la mejor manera de contrarrestar la resistencia al hábito es la "regla de los dos minutos". A pesar de lo lógico que sería empezar por lo más sencillo y pequeño, es común que tratemos de empezar por lo grande cuando soñamos con hacer un cambio. La emoción nos domina de manera inevitable y terminamos tratando de hacer demasiadas cosas en poco tiempo. La mejor manera de contrarrestar esta tendencia es usar la regla de los dos minutos, la cual establece que cuando empezamos un nuevo hábito no debe tomarnos más de 2 minutos. Por ejemplo: leer antes de dormir se transforma en leer una página del libro; hacer 30 minutos de yoga se convierte en sacar el mat y ponerlo a la vista; estudiar para la clase equivale a abrir el cuaderno de notas; doblar toda la ropa recién lavada se convierte en doblar dos remeras; correr 3 km se convierte en dar una vuelta a la manzana.

Con el tiempo y, paso a paso, podemos ir agregando grados de dificultad. Tenemos que empezar con una tarea muy sencilla, como ponerse las zapatillas, luego un grado sencillo, pasar a caminar 10 minutos, más tarde moderado y caminamos 10.000 pasos, luego difícil 5 km, el último grado muy difícil, correr una maratón. El avance debe ser progresivo y gradual si planeamos que se haga perdurable.

El último y cuarto aspecto del ciclo del hábito nos enseña que para que se sostenga en el tiempo y pueda incorporar, debe ser satisfactorio. La regla fundamental del cambio de conducta es hacerlo satisfactorio. De hecho, los tres elementos anteriores: hacerlo visible, hacerlo sencillo y hacerlo atractivo tienen que ver con facilitar la llegada de la recompensa luego de establecer la rutina.

Este cuarto paso nos conecta con la experiencia del placer y del disfrute como recompensa. Crear la recompensa para el nuevo hábito es fundamental para que se sostenga en el tiempo. Su diseño nos obliga a investigar qué nos da placer y satisfacción. Añadir una recompensa satisfactoria requiere conocernos, y saber si tenemos internamente habilitados los permisos para disfrutar y agasajarnos. ¿Cuál es el premio por la tarea bien hecha? ¿Es la recompensa deseada y planificada, parte de la ecuación del éxito?

Estas preguntas nos permiten observar cuáles son las tendencias conductuales relacionadas con la motivación y con la recompensa. Los seres humanos tenemos dos fuentes de motivación básicas: ir hacia el placer o evitar el dolor. Estos dos movimientos muestran nuestra relación con el éxito, la satisfacción y los resultados. Espejan si nos orientamos a ir hacia lo que deseamos (movimiento emocional de atracción) o nos enfocamos en evitar el dolor o lo que tememos (movimiento emocional de evitación).

Para instalar un hábito nuevo necesitamos que su realización nos traiga bienestar. Por ejemplo, si pretendemos lavarnos las manos cada vez que entramos de la calle, facilitará la acción si elegimos un jabón de muy rico aroma, que haga espuma abundante y deje una sensación de suavidad en las manos. La satisfacción que sentiremos cada vez que higienicemos las manos colaborará con la instalación del hábito. No es útil el refuerzo mental o cognitivo asociado a "lo saludable que es lavarse las manos", sino a lo agradable y placentero que es lavarse con ese jabón, sintiendo el aroma que nos gusta y la suavidad que humecta nuestra piel. La regla cardinal del cambio es hacerlo satisfactorio. Esto es completamente lógico. Tendemos a repetir aquello que nos trae una experiencia agradable y placentera. Los sentimientos de placer son señales que le indican al cerebro: "Esto se siente bien. Haz esto de nuevo la próxima vez". El placer es el camino que enseña a nuestro cerebro que una conducta vale la pena ser recordada y repetida.

Las empresas de marketing están llenas de historias de campañas de venta exitosas cuando encontraron la satisfacción que el cliente buscaba en un producto y de buenos productos que fracasaron porque no supieron agregar satisfacción y placer al consumo.

Si pretendemos mejorar la educación de nuestros hijos, o hacer más eficiente el desempeño de nuestros colaboradores en el espacio laboral y, desde luego, para comprometernos a nuevos y más beneficiosos hábitos personales, es imperioso que seamos creativos y generemos propuestas asociadas a vivencias emocionales satisfactorias.

Detente un instante a sentir cuál es el placer que obtienes de diferentes hábitos cotidianos: lavarte los dientes, ducharte, rezar, elongar, desayunar, planchar tu camisa, escuchar música...

En estas últimas páginas del capítulo 4, analizaremos algunos conceptos compartidos por James Clear, autor de *Hábitos atómicos y orador*.[1]

Uno aprende lo que hará en el futuro dependiendo de si fue premiado o castigado en el pasado. Las emociones positivas cultivan hábitos. Las emociones negativas los destruyen.

Observa y siente el placer que provoca cada actividad. ¿A qué sustancia o sensación o elemento de dicha actividad te sientes atraído? ¿Qué cambio te daría mayor bienestar y aumentaría tus ganas de realizar ese hábito? ¡Esa es la clave!

1. Fuente: https://www.pressreader.com/argentina/noticias/20190629/281621011878418

Muchas empresas de atención al público para generar fidelización se enfocan en brindar experiencias satisfactorias a sus clientes, experiencias que quieran recordar y por las que deseen volver.

Eligen personal idóneo, perfuman los salones de venta, sirven café rico y algo sabroso, musicalizan el espacio, respetan los tiempos y ofrecen sensaciones más allá del servicio específico.

Muchas veces no somos conscientes del motivo real por el cual repetimos una acción. Ese motivo que nos gratifica, como la frescura de la pasta dental, un jabón suave, una música anclada a recuerdos hermosos, es la clave del cambio.

Por otra parte, es importante distinguir las recompensas inmediatas y las recompensas mediatas.

Nuestra propensión a satisfacer nuestros deseos en forma inmediata nos viene de la época en que andábamos por la sabana africana.

La especie humana vivía al día como cualquier animal, buscando alimento y satisfacción urgente de las necesidades que surgían. Las acciones de este hombre prehistórico se orientaban a producir resultados inmediatos.

En la sociedad moderna, muchas de las elecciones que hacemos no nos beneficiarán de manera inmediata. Si hacemos un buen trabajo, recibiremos un pago unas semanas después. Si hacemos ejercicio hoy, quizá logremos eliminar el sobrepeso el año entrante. Si ahorramos ahora, quizá logremos reunir suficiente capital para nuestro retiro luego de unas décadas.

El cerebro humano no evolucionó para la vida en un sistema de retorno retardado. El cerebro humano más parecido al actual es el del *Homo sapiens* que data de hace 200.000 años. La parte más desarrollada del cerebro, la que se ocupa de las funciones más complejas como el lenguaje. Este hardware paleolítico es casi idéntico a nuestro cerebro actual.

Estamos corriendo un software nuevo en un hardware antiguo. Esto hace que algunas tendencias paleolíticas sigan siendo el fundamento de muchos de nuestros hábitos orientados a la supervivencia y a la satisfacción inmediata.

La evolución humana se orientó en la dirección de privilegiar la gratificación postergada y nuestros cerebros van evolucionando lentamente en ese sentido.

Seguimos valorando más el presente que el futuro. En general esta tendencia es bastante útil. Valoramos más nuestra oportunidad de satisfacción actual que la posibilidad futura de satisfacción, aunque se presente como más valiosa. Pero ya hemos aprendido que, en algunas ocasiones, nuestra predisposición por la gratificación instantánea nos causa problemas.

¿Por qué alguien fumaría si sabe que hacerlo incrementa el riesgo de contraer cáncer de pulmón? Una vez que entiendes cómo nuestro cerebro prioriza las recompensas, las respuestas se hacen más claras: las consecuencias de los malos hábitos son retardadas mientras que las recompensas son inmediatas. Fumar quizás te mate en diez años, pero reduce el estrés y satisface la ansiedad por la nicotina ahora.

Cada hábito produce resultados múltiples con el paso del tiempo. Con nuestros malos hábitos, el resultado inmediato se siente bien, pero el resultado último se siente mal.

Con los buenos hábitos ocurre lo contrario: el resultado inmediato no se disfruta, pero el resultado mediato se siente bien. Dicho de otra forma, los costos de los buenos hábitos se dan en el presente. Los costos de los malos hábitos se darán en el futuro.

La tendencia de nuestro cerebro a priorizar el momento presente significa que no podemos confiar en las buenas intenciones. Cuando hacemos un plan como dejar de fumar, estudiar un idioma, escribir un libro, en realidad estamos haciendo planes para el futuro. Y cuando contemplamos lo que queremos que sea nuestra vida en el futuro, es fácil ver el valor de realizar acciones que nos traerán beneficios a largo plazo. Todos queremos mejores vidas para nosotros en el futuro. Sin embargo, cuando llega el momento de las decisiones, por lo regular, la gratificación inmediata prevalece. Ya no estamos decidiendo para nuestro futuro, postergamos lo que soñamos y nos conformamos con algo inmediato que a la larga tendrá sabor a poco. La pequeñez de la urgencia mata la grandeza que soñamos para nuestro futuro.

Si estamos dispuestos a postergar la recompensa, enfrentaremos menos competencia, pues habrá pocos capaces de frustrar sus deseos presentes para crear futuro, y en muchas ocasiones, recibiremos una recompensa mayor.

Las personas mejor dotadas para posponer la gratificación obtienen mejores calificaciones en la universidad, son menos proclives al abuso de sustancias, son capaces de ofrecer mejores respuestas al estrés y poseen habilidades sociales superiores.

Si pospones la televisión y terminas la tarea, generalmente aprendes más y obtienes mejores notas en tus exámenes.

La clave es convertir la gratificación instantánea en ventaja sin dejar de enfocarnos en la gratificación futura.

¿Cómo lo hacemos?

La mejor manera de lograrlo es usando el reforzamiento. Esto se refiere a usar una recompensa inmediata para incrementar las probabilidades de repetir una conducta.

Si queremos ahorrar, por ejemplo, podemos postergar un gasto determinado, como comer afuera, e imputarlo a una satisfacción temporal más cercana, como un viaje corto en los próximos tres meses. Entonces, se hará una planificación de ahorro general en mayor tiempo, que impacte en nuestro futuro en los próximos cinco años, y un gasto en particular se lo imputa a una satisfacción inmediata para conseguir el reforzamiento del plan de ahorro a largo plazo.

En definitiva, un hábito necesita ser disfrutable para que dure. Pequeños reforzamientos, como el jabón que huele fantástico o el dinero para un viaje corto dos o tres veces al año, pueden ofrecer el placer inmediato que se requiere para disfrutar un hábito. Y el cambio es más sencillo cuando es disfrutable.

EJERCICIO. ¡A PRACTICAR!

1. Elige un día a la semana y registra minuciosamente todos los hábitos diarios.

2. Declara un hábito que desees incorporar.

3. Diseña la señal de arranque del nuevo hábito pegado a un hábito ya incorporado, que sea algo obvio y muy visible y sencillo. Se empieza con un primer paso que ocupe no más de 2 minutos.

4. Diseña la acción o rutina y el medio ambiente que facilite el hábito, hazlo atractivo y piensa una recompensa inmediata y alineada con el nuevo hábito al terminar la rutina.

Capítulo 5

HÁBITOS PARA LA GESTIÓN DEL TIEMPO

La tiranía de lo urgente hace postergar los objetivos más importantes, olvidar las prioridades y responder en exceso a los problemas, como si todos fueran crisis.

STEPHEN COVEY

HÁBITOS CLAVE PARA UNA GESTIÓN EXITOSA

¿Qué es el tiempo? ¿Cómo estás administrando el tiempo? ¿Qué es perder el tiempo? ¿Qué relación encuentras entre el uso del tiempo y la planificación de las tareas diarias? ¿Cuáles son las actividades prioritarias de la semana? ¿Cuánto espacio semanal ocupa la organización de la agenda? ¿Qué porcentaje de la agenda ocupan los imprevistos? ¿Cuál es el criterio para diferenciar lo urgente de lo importante?

Cuando empezamos a concientizar qué nos pasa con la gestión del tiempo y los hábitos asociados a este tema, aparecen dos conceptos básicos: la interpretación que tenemos de lo *urgente* y la interpretación que tenemos de lo *importante*.

¿Qué es urgente? Urgentes son las cosas que actúan sobre nosotros que necesitan una atención inmediata. Son, por lo general, muy visibles y nos presionan.

¿Qué es importante? Las cosas importantes son producto de nuestra elección. Tienen que ver con los resultados en cualquier área de vida. Las cuestiones consideradas importantes y no urgentes generan proactividad. Nos obligan a detenernos a planear, a visualizar y a priorizar.

Stephen Covey ha desarrollado una matriz de administración del tiempo que se ha convertido en un instrumento clásico para analizar qué nos pasa con "nuestro" tiempo. Elabora cuatro cuadrantes en los cuales relaciona: "lo importante-urgente"; "lo importante-no urgente"; "lo no importante-urgente" y "lo no importante-no urgente".

Esta clasificación nos espeja con evidencias qué estamos haciendo con nuestras horas del día y, en definitiva, qué estamos haciendo con nuestra vida.

Lo que es "importante-urgente" tiene que ver con nuestras preparaciones contrarreloj, con la gestión de la crisis, con resolver un asunto crítico, con ejecutar proyectos con fechas de vencimiento y plazos perentorios.

Dentro de "lo importante-no urgente", hay cosas que son esenciales, como prepararnos para enfrentar nuestros proyectos, planificar pasos y metas, crear relaciones significativas, elaborar espacios de aprendizaje y tener recreación y disfrute verdadero.

Cuando estamos en lo "no importante-urgente", damos lugar a toda serie de interrupciones, postergamos el trabajo importante del día con llamadas intrascendentes, contestamos mensajes electrónicos, participamos de poco relevantes e innecesarias reuniones, nos distraemos con actividades populares que no suman a nuestro proyecto y atrasamos lo más valioso.

Por último, en nuestras actividades "no importantes-no urgentes" hay trivialidades sin sentido, conductas evasivas que nos distraen de la tarea, mensajes electrónicos poco relevantes, son los llamados *desperdiciadores del tiempo*. Son esas actividades que tomamos precisamente para eso, para no conectar con lo que de verdad es urgente e importante para nosotros, son las conductas evasivas que están muy asociadas, como veremos, con la procrastinación.

Una tarea interesante es entender en qué porcentaje de nuestro día estamos en cada una de estas variables: en lo importante-urgente, en lo importante-no urgente, en lo no importante-urgente, y en lo que es no importante-no urgente.

Esto nos servirá de diagnóstico para saber si nos la pasamos apagando incendios como bomberos, con estrés, con agotamiento, saltando de crisis en crisis, sintiendo que no podemos prácticamente respirar; o si los desperdiciadores de tiempo nos están alejando de nuestros objetivos importantes con la consecuente merma en nuestra confianza personal.

Si "lo urgente" define nuestra agenda y empezamos a no diferenciar si es solo urgente o si además es importante atenderlo en el presente, entonces nuestra vida se ha convertido en una sala de emergencias, que nos pone ante situaciones de estrés constantes, que deterioran nuestra salud integral.

Por eso, es tan importante ocuparnos de cómo gestionamos el tiempo cotidiano y decidir qué hábitos incorporaremos para ocuparnos de las cosas que de verdad importan, permitiéndonos un tiempo de planificación, de preparación, de estudio, de encuentro con quienes amamos, de disfrute y alegría, para diseñar lo que queremos que pase en nuestra vida. Tener una vida feliz requiere una dinámica diferente, que implica, entre otras cosas, *evitar que lo urgente tome el mando y elija las prioridades por nosotros*.

También observar qué estamos haciendo en nuestro tiempo libre. Tomamos un relax consciente o simplemente dejamos que nos interrumpan para "descansar sin descansar". Aceptamos cortar nuestros espacios de concentración y dejarnos llevar por trivialidades que malgastan nuestras horas para no decidir relajar de verdad.

Como hábito central, la gestión exitosa del tiempo requiere de agenda, con tiempos estipulados, organizados tanto en cantidad de horas como por actividad determinada, como el horario de trabajo, el horario de cierre del trabajo, el tiempo en familia, con amigos, relaciones para sembrar, actividad física, el arte, la espiritualidad.

Incorporar hábitos que nos permitan estar felices al final del día, al final de la semana, con los resultados causado por los nuevos hábitos, acumulando buenas experiencias terminará dando forma a nuestro destino.

Propongo seis nuevos hábitos fundamentales para que gestionemos el tiempo:

1. Definir los objetivos a corto, mediano y largo plazo. Escribirlos y ordenarlos por orden de importancia, es decir, por prioridad. En el tiempo asignado a las tareas dejar un 10 a 15% libre de la agenda para imprevistos.

2. Elaborar diariamente una lista de cosas.

3. Empezar con las A no con las C, es decir, arrancar respondiendo a los asuntos más trascendentes y, luego de resolverlos, seguir por los menos importantes.

4. En caso de duda, preguntarse cuál es el mejor uso del tiempo en estos momentos. A veces la respuesta va a ser descansar, cargar energía, meditar, salir a caminar. No siempre la respuesta será algo "productivo".

5. Manejar cada tema una sola vez. Cada asunto que se toma entre manos se empieza y se termina. Nada de *multitasking*.

6. Hacer las cosas de inmediato, no dejar que los asuntos se conviertan en pendientes.

Otros hábitos sugeridos:

✓ Evitar el uso papelitos sueltos para registrar ideas o compromisos. Tener un cuaderno de planificación diaria.

✓ Aprende a decir que **NO** cuando sea necesario. Hacer una lista de "no" que no se dicen y de "sí" que no se quieren decir.

✓ Delegar siempre que sea posible, pero mantener el control operativo.

✓ No comprometerse si no se está seguro de poder cumplir, es la manera más directa de menoscabar la autoestima.

EJERCICIO. ¡A PRACTICAR!

1. Elige un día cualquiera de tu agenda.

2. Escribe un listado de las actividades de ese día.

3. Clasifícalas en importantes-urgentes e importantes-no urgentes.

4. Escribe los desperdiciadores de tiempo que más te distraen.

5. Elige uno de ellos y diseña un mecanismo para evitarlo con la consiguiente recompensa después de lograrlo.

Capítulo 6

PROCRASTINACIÓN: CÓMO SUPERAR ESTE HÁBITO

La procrastinación es el arte de mantenerse al día con lo planificado para ayer.

JUDSON BREWER

¿PROCRASTINACIÓN? ¿DE QUÉ SE TRATA?

Etimológicamente significa postergar hasta mañana. Sin embargo, es más que postergar voluntariamente[1]. Es un hábito que nos causa culpa, vergüenza y lesiona nuestra autoconfianza.

Cuando tenemos que realizar una tarea pendiente que nos genera tensión o ansiedad, aparece esta "rutina defensiva" que consiste en elegir otra actividad sencilla, fácil y conocida para hacerla competir con la tarea perturbadora, convirtiendo momentáneamente la tarea sencilla en prioridad, como estrategia para calmar la ansiedad que nos provoca lo pospuesto.

1. https://diariofemenino.com.ar/df/procrastinar-no-es-un-asunto-de-holgazaneria-sino-de-manejo-de-las-emociones/

En la procrastinación, en general elegimos realizar la tarea que tiene satisfacción inmediata y dejamos para más adelante la responsabilidad asumida que nos frustra en el presente, aunque nos producirá satisfacción en el futuro.

Somos conscientes de que deberíamos hacernos cargo de realizar lo pendiente y que, sin embargo, nos distraemos para evitarlo.

Por eso, las investigaciones psicológicas sobre el hábito de procrastinar lo presentan como una dificultad emocional y no de gestión del tiempo, en la comprensión de que detrás de esta conducta hay mucho más que pereza o desorganización. Esa autoconciencia es una pieza clave para entender por qué procrastinar nos hace sentir mal[2]. Cuando procrastinamos, no solo estamos conscientes de que estamos evadiendo la tarea en cuestión, sino también de que hacerlo es probablemente una mala idea. Y, aun así, lo hacemos de todas formas. Esta es la razón por la que "la procrastinación es esencialmente irracional", dijo Fuschia Sirois, profesora de Psicología en la Universidad de Sheffield. Agregó: "Las personas se enganchan en este círculo irracional de procrastinación crónica debido a una incapacidad para manejar estados de ánimo negativos en torno a una tarea".[3]

> La procrastinación no es un defecto del carácter o una maldición misteriosa que ha caído sobre nuestra habilidad para administrar el tiempo, sino un mal hábito emocional, que se refleja en un mal hábito operativo, una manera errada de enfrentar las emociones desafiantes y los estados de ánimo negativos generados por "ciertas tareas", que nos causan abu-

2. https://diariofemenino.com.ar/df/procrastinar-no-es-un-asunto-de-holgazaneria-sino-de-manejo-de-las-emociones/
3. https://www.nytimes.com/es/2019/03/26/espanol/como-evitar-la-procrastinacion.html

rrimiento, ansiedad, inseguridad, frustración, resentimiento y más.

La procrastinación es un problema de regulación de emociones, no un problema de gestión de tiempo, dijo Tim Pychyl, profesor de Psicología en la Universidad Carleton en Ottawa, Canadá[4].

La procrastinación puede ser analizada a la luz de lo que venimos estudiando sobre los hábitos. Es aplicable a esta rutina negativa, lo que vimos en los capítulos anteriores sobre la neurobiología del hábito negativo, es decir, en estas ocasiones de ansiedad provocada por una tarea que rechazamos, nuestro cerebro busca la recompensa inmediata para calmar la angustia que provoca la actividad planificada, y se concentra en el presente clasificando a la actividad pospuesta —futura— como una "amenaza". Dicha supuesta amenaza sube las barreras defensivas y se detona el hábito emocional: "la evasión". Esta evitación, propia del temor o la ansiedad, hace que reemplacemos la actividad que nos resulta más dificultosa por otra que nos resulta más sencilla. El hábito emocional de la procrastinación se enfoca en "la urgencia inmediata de administrar los estados de ánimo negativos asociados a la tarea" masque dedicarse a la tarea en sí misma.

En la tarea de conscientización que proponemos, es importante que lejos de juzgarnos, empecemos a indagar sobre las emociones y percepciones corporcles que aparecen cuando sentimos la necesidad de postergar una y otra vez. No se trata de una postergación esporádica, causada por el cansancio o la ineficiente actualización de nuestra agenda. La repetición de la conducta nos lleva a evaluar cuestiones más profundas y significativas como la necesidad de aprender a gestionar nuestros estados de ánimo negativos.

4. https://www.psyciencia.com/procastinacion-regulacion-emociones/

No obstante, la postergación incluye las asociaciones negativas que tenemos con la tarea, y esos sentimientos todavía estarán ahí cuando volvamos a ella, junto a estrés y ansiedad aumentados, sentimientos de baja autoestima y de culpabilidad.

De hecho, existe un cuerpo de investigación psicológica completamente dedicado a los pensamientos rumiantes y sentimientos de culpabilidad que muchos de nosotros tenemos a raíz de la procrastinación, los cuales son conocidos como *cogniciones procrastinadoras*. Los pensamientos que tenemos sobre procrastinación suelen exacerbar nuestra angustia y estrés, lo que contribuye a perpetuar la procrastinación. No obstante, el alivio temporal que sentimos cuando procrastinamos es lo que realmente hace muy vicioso el círculo. En el presente inmediato, suspender una tarea brinda alivio "has sido recompensado por procrastinar". Y el conductismo básico nos ha enseñado que cuando somos recompensados por algo, tendemos a hacerlo de nuevo. Esta es precisamente la razón por la que la procrastinación tiende a no ser un comportamiento una vez, sino un círculo vicioso, que fácilmente se convierte en un hábito crónico.

Procrastinar es el ejemplo perfecto del *sesgo del presente*, la tendencia de nuestra mente a dar prioridad a necesidades a corto plazo en vez de las de a largo plazo.

El profesor de Mercadotecnia Hal Hershfield dice: "Realmente no fuimos diseñados para pensar hacia adelante en el futuro más lejano porque necesitábamos enfocarnos en proveer para nosotros mismos en el aquí y ahora".[5]

5 https://www.nytimes.com/es/2019/03/26/espanol/como-evitar-la-procrastinacion.html

A nivel neuronal, percibimos a nuestros yo del futuro más como extraños que como parte de nosotros mismos.

Cuando procrastinamos, hay partes de nuestro cerebro que realmente piensan que las tareas que estamos suspendiendo —y los sentimientos negativos que las acompañan y que nos esperan del otro lado— son problema de alguien más. Para empeorar las cosas, somos incluso menos capaces de tomar decisiones bien analizadas y orientadas al futuro en medio de una situación de estrés. Cuando nos enfrentamos con una tarea que nos hace sentir ansiosos o inseguros, la amígdala —la parte del cerebro que funciona como "detector de amenazas"— percibe esa tarea como una amenaza genuina, en este caso a nuestra autoestima o nuestro bienestar. Incluso si intelectualmente reconocemos que suspender la tarea nos creará más estrés en el futuro, nuestro cerebro están todavía conectados para preocuparnos más por eliminar la amenaza en el presente. Desafortunadamente, no podemos simplemente decirnos a nosotros mismos que dejemos de procrastinar.

Debemos darnos cuenta de que, en esencia, la procrastinación es un asunto de emociones, no de productividad. La solución no involucra descargar una aplicación de gestión de tiempo o aprender nuevas estrategias de autocontrol. Tiene que ver con manejar nuestras emociones de una manera diferente.

"Para reconfigurar cualquier hábito, tenemos que darle a nuestro cerebro ¡una mejor y más grande oferta! En el caso de la procrastinación, tenemos que encontrar una mejor recompensa que "evadir", una que pueda aliviar nuestros sentimientos desafiantes en el presente sin causar daño a nuestros yo del futuro. Judson Brewer, director de investigación e innovación del Centro de Plenitud Mental de la Universidad de Brown. [6]

Estrategias para superar este hábito negativo:

✓ Empezar y terminar cada tarea por vez.

✓ Organizar la secuencia de obligaciones diarias, ponerle horario y duración a cada una y no comenzar otras hasta terminarlas.

✓ Combinar actividades tediosas con las que se disfrutan.

✓ Dividir la actividad tediosa en subtareas que sean manejables.

✓ Romper la barrera del primer minuto.

✓ Recompensarse por haber hecho la tarea.

✓ Tomar una decisión y comunicarla al entorno.

✓ Hacer un borrador de los pasos de actividad.

✓ Organizar un entorno libre de distracciones.

6 https://www.nytimes.com/es/2019/03/26/espanol/como-evitar-la-procrastinacion.html

EJERCICIO. ¡A PRACTICAR!

1. Escribe una actividad que tiendes a postergar.

2. Divide la actividad en partes para facilitar su realización.

3. Adjudica un tiempo de ejecución para cada paso.

4. Agenda las fechas para hacer cada paso.

5. Piensa una recompensa atractiva y sencilla para cada paso diseñado.

Capítulo 7

HÁBITOS PARA GESTIONAR EL ESTRÉS

La vida que nos es dada es, por naturaleza, breve, pero la memoria de una vida bien vivida es eterna.

Cicerón

¿QUÉ ES EL ESTRÉS?

El estrés es un sentimiento de tensión física o emocional. Puede provenir de cualquier situación o pensamiento que nos haga sentir frustrados, furiosos o nerviosos.

Suele referirse al síndrome general de adaptación o conjunto de síntomas psicofisiológicos. El estrés depende, por un lado, del individuo, de las características personales; y por el otro, del medio y las circunstancias, de dónde uno vive, trabaja, con quién se relaciona o de si ha sufrido acontecimientos traumáticos.

El estrés puede ser agudo o crónico. Es agudo cuando un emergerte surge en forma sorpresiva y demanda una reacción rápida y urgente para enfrentar ese acontecimiento que rompe nuestro devenir. Puede ser provocado por un accidente, una enfermedad, un despido.

El estrés es crónico cuando la situación se prolonga en el tiempo y requiere gran parte de energía psicofísica disponible para atender el evento estresor. Esto se traduce en la sensación de presión y fatiga constantes. Por ejemplo, si la enfermedad dura meses, o la ausencia del trabajo se prolonga en el tiempo.

El estrés que dura mucho tiempo puede dañar la salud. Aparecen distintos síntomas físicos y emocionales. El correlato biológico de estos sentimientos es un aumento significativo de las hormonas como el cortisol y la adrenalina que pueden dañar nuestro sistema cardíaco, nervioso o gastrointestinal. Muchos de esos síntomas provienen de malos hábitos, tan enraizados e inconscientes, que nos cuesta distinguirlos.

Sin saber lo que nos está sucediendo, solemos adoptar recetas extrañas que a otros les funcionaron, dietas difíciles de aplicar, actividad física en horarios o con rutinas muy exigentes para nuestro físico o nuestras agenda actuales.

A veces buscamos salidas mágicas, una pastilla que aleje el malestar; la comida que tape nuestra angustia existencial, nos llenamos de trabajo para no enfrentar dificultades en nuestros vínculos personales. Ninguna de estas estrategias puede acallar lo que nuestro cuerpo nos pide que sanemos, solo nos permite negarlo hasta que el síntoma se convierte en enfermedad. En ese momento, la única alternativa es ocuparse. Dicen que el cuerpo nos habla treinta y tres veces antes de enfermarse. Nos da señales que desoímos, hasta que grita y debemos escuchar.

Algunas personas no prestan atención al cuidado de la salud, y otras están atentas en exceso.

¿Cómo eres tú con el cuidado de tu salud, de tu cuerpo, de tu bienestar emocional?

¿Te ocupas de generar hábitos saludables para prevenir problemas de salud o solo te ocupas cuando aparece un síntoma preocupante?

En la mayoría de las dolencias hay un componente de hábitos no compatibles con el bienestar y una dificultad clara con la gestión del estrés y de las preocupaciones.

En los últimos años se han vuelto a valorar prácticas milenarias para el bienestar integral, que reducen la carga estresante y permiten gestionar nuestra vida con mayor equilibrio.

Estas prácticas de centramiento, como la meditación, el *mindfulness*, el yoga, la actividad física recurrente, las artes marciales, las técnicas de gestión emocional, aportan espacios de autoconsciencia que permiten reconocer cómo estamos, qué queremos cambiar y dar así los primeros pasos hacia una vida más plena.

En general, los ejercicios propuestos por las disciplinas y técnicas para el bienestar consisten en prestar atención de manera consciente a los pensamientos, las emociones, las sensaciones corporales y al ambiente circundante. Es decir, se ocupan de las causas de nuestro malestar. La atención se enfoca en lo que se percibe en el momento presente, en el aquí y ahora, y se acepta sin juzgar si lo que pasa es correcto o no.

Esto produce un estado mental que permite discernir los pensamientos útiles de los que no lo son y que comportan una excesiva rumiación (preocupación desmedida por los problemas y sus posibles causas y consecuencias), y el efecto es mayor serenidad y equilibrio para decidir y actuar. Permite tomar una cierta distancia de los eventos para responder con mayor tranquilidad, lo que afecta positivamente nuestra respuesta inmune y metabólica, mejorando los indicadores de salud física y mental.

El estrés es un concepto paraguas que abarca las distintas presiones a las que la vida nos somete. Desarrollar una actividad introspectiva y reflexiva, como las enunciadas, colabora con el reconocimiento y la gestión de hábitos nocivos, que suelen ser la principal causa de nuestro estrés crónico.

En estos últimos años es habitual que el "estrés-distrés" esté en la explicación de diferentes dolencias, problemas cardíacos (como hipertensión y arritmias), dolencias gastrointestinales, trastornos del sueño, jaquecas, caída del cabello, alergias, falta de concentración, cansancio crónico.

Cuando estamos estresados, todo es urgente. La aceleración interna y la ansiedad para dar respuesta ya mismo no nos permiten discriminar y elegir qué hacer primero, qué postergar y qué reprogramar.

Para bajar el nivel de tensión que provocan los estresores (cualquier situación interna o externa, sentimiento o pensamiento, que provoca estrés) necesitamos reformular nuestra vida cotidiana. En esa reformulación, corregir hábitos disonantes será esencial.

REFLEXIONA SOBRE LO QUE TE CAUSA ESTRÉS

Siéntate cómodamente, toma tres respiraciones profundas. Exhala intensamente, vaciando totalmente tus pulmones, dejando tu abdomen plano. Cierra tus ojos. Visualiza luz blanca entrando suavemente por tus fosas nasales. Visualiza cómo la luz blanca recorre todo tu cuerpo. Al exhalar, deja salir tus preocupaciones y tensiones del día. Observa si cambió el color del aire que sale por tu nariz. Repite tres o cuatro veces.

Ahora reflexiona sobre las situaciones de tu presente que más te preocupan u ocupan, las que más tensión te generan. Aquellas que te ponen nervioso, que te dan dolor de estómago o de cabeza o palpitaciones.

¿Con qué hábito relacionas esta situación?

¿Qué nuevo hábito bajaría el nivel de tensión?

EJERCICIO. ¡A PRACTICAR!

- ✓ Elige tres situaciones que te causan estrés o tensión en lo cotidiano.
- ✓ Haz una lista de 10 hábitos de conducta o emocionales que alteran tu paz diaria.
- ✓ Ahora piensa en incorporar un nuevo hábito que bajaría los niveles de estrés.
- ✓ Diseña el hábito con su señal, contexto, horario diario, acción, rutina, repetición y recompensa.

HÁBITOS ANTIESTRÉS

1. RESPIRAR CONSCIENTE

Empieza con 10 respiraciones diafragmáticas profundas tomándote tu tiempo.

Suavemente, a medida que inspiras, infla la panza como un globo y luego exhala hasta dejar tu abdomen bien plano.

Es muy conveniente repetirlo cuando necesites concentrarte o serenarte. Incluso para una situación te afecte y te ponga tenso, te sacará de allí con facilidad.

La respiración es el primer recurso para aquietarnos y recuperar el equilibrio. Es sencillo darnos un tiempo para respirar en forma consciente. Este recurso está a mano, es gratuito y podemos recurrir a respirar atentamente en cualquier instante.

Este primer hábito sugerido debería suceder al despertarnos antes de salir de la cama y al acostarnos para descansar.

2. RESPIRAR CONSCIENTE Y GROUNDING

Todos los hábitos eficientes para bajar la sensación de estrés, ansiedad y aceleración requieren un trabajo consciente con la respiración. Debemos hacer foco en la forma en que respiramos. Si la respiración es continua o generamos pequeñas apneas, si es abdominal y relajada o, por el contrario, torácica y corta.

Para incidir positivamente en los momentos de estrés y crear el hábito de hacer pequeños cortes en la actividad cotidiana o minipausas, necesitamos hacer respiraciones completas y abdominales.

Cualquier ejercicio que se propone en este apartada antiestrés, se inicia con respiraciones como las que describo más arriba. Lo ideal es que hagas entre 5 y 10 respiraciones abdominales antes de cualquier ejercicio de meditación.

En este caso te propongo incorporar el hábito de 2 ejercicios de *grounding*, es decir de contacto con la tierra, para aterrizar en el momento presente, aprendiendo a meditar y a concentrarte.

Ejercicio 1 de *Grounding*

Respira. Comienza a caminar descalzo poniendo tu atención en la planta de los pies. Si puedes hacerlo sobre el pasto o en la tierra, mucho mejor.

A medida que caminas, presta atención a tus apoyos. Observa qué parte del metatarso se apoya en el suelo, toma registro de los talones, los dedos, los arcos plantales.

Luego de 2 o 3 minutos, detén el movimiento y párate con los pies separados a una distancia como tus hombros. Apoya bien tus pies en forma paralela. Siente la firmeza del apoyo. Aférrate con determinación al piso, generando peso inercial.

Imagina que de las plantas de tus pies salen fuertes raíces que te dan firmeza y estabilidad y, a la vez, te conectan con el presente. Estas raíces te sostienen y te nutren.

Te dan confianza y fuerza. Estás aquí y lo sientes.

Este ejercicio puedes también hacerlo sentado, revisando tus apoyos y posición relajada. El objetivo es generar un "anclajepositivo", que te instale con atención plena en el momento presente y te enraíce para estar en equilibrio para enfrentar cualquier situación preocupante.

Cuando se diseña un espacio de estabilidad y sostén que conecta con el presente se abre la oportunidad de relacionarse con el fenómeno o evento estresor desde una perspectiva más amplia y menos reactiva.

Ejercicio 2 de *Grounding*: 5-4-3-2-1

Este ejercicio es muy eficaz para menguar la sensación de estrés y desarrollar presencia.

Es una actividad muy sencilla, donde se utilizan elementos que nos rodean para conectar con los 5 sentidos en el aquí y ahora.

Los padres o docentes pueden también utilizarlo con niños o jóvenes ansiosos o asustados.

El hábito de estar atento a los sentidos para equilibrar y armonizar el mundo emocional es una práctica atractiva y fácil de implementar, y su recompensa inmediata, en términos de paz y tranquilidad, es muy satisfactoria.

Siéntate cómodamente. Respira lenta y suavemente varias veces. Percibe tu cuerpo y tus puntos de apoyo.

Observa tu entorno. Abre los ojos y mira 5 cosas que te rodean, deteniéndote objeto por objeto. Mira la mesa, la silla, la lapicera, la notebook, el mantel. Recuerda respirar suave y atentamente.

Ahora suelta el sentido de la vista y elige tocar y sentir 4 cosas. Tu pulóver, tu pañuelo, tu cabello, tu piel. Sigue respirando.

Ahora deja el tacto y escucha 3 cosas con atención plena: una música lejana, los autos, los murmullos de las personas con quienes convives. Eres todo escucha.

Suelta el oído y percibe 2 aromas, convoca tu olfato y detente a sentir el olor. Huele un perfume, el aroma de la casa, un sahumerio, el jabón en tus manos. Entra un mundo por tus narinas. Huele detenidamente. Sigue respirando.

Deja los aromas y enciende el gusto. Elige algo para degustar, percibe el gusto de boca, la pasta dental, un caramelo, un trocito de chocolate. Saborea y percibe el gusto. Tu saliva, ácida, alcalina, metálica, dulce, amargo.

Suelta los sentidos y haz 3 respiraciones profundas y observa cómo aumentó tu conexión con el presente.

3. MEDITAR: UN HÁBITO PARA INCORPORAR

La práctica de la meditación tiene el objetivo doble de asentar la mente a través de la atención plena de la respiración y entrenar la observación de las sensaciones mientras ocurren. Ambos componentes ayudan a aumentar la consciencia y reducir la reactividad emocional con lo cual benefician nuestra salud física y mental.

Te ofrezco este ejemplo sencillo de meditación: la meditación reflexiva.

Usa la respiración como ancla en el momento presente y para conectar con la dimensión espaciosa de la consciencia dejando ir y venir los pensamientos, las sensaciones y las emociones. Así pasará ante ti, como en una pantalla, el sustrato de tus preocupaciones, pudiendo tomar consciencia de lo que ocupa tu mente, mirando sensaciones diversas, apegos y evitaciones.

Indicaciones para la meditación reflexiva:

1. Selecciona un tema o pregunta y reflexiona sobre él con profundidad y en silencio.

2. Cuando la atención se distraiga, mantente vigilante para advertir qué te ha distraído, y vuelve a concentrarte en el tema o pregunta elegido. Cuando la claridad de la atención desaparezca, vuelve al objetivo, disciplina tu mente y retorna a tu tema de interés.

3. Cuando llegues a una percepción o a un sentimiento de "¡Ajá!", deja que la mente descanse en este estado de apertura y percepción sin analizar nada. Mantén una concentración constante y clara en la percepción y penetra en ella con mayor profundidad para que te revele niveles más profundos de la naturaleza y la realidad del tema sobre el que estás meditando.

4. Cuando los pensamientos y las asociaciones se empiecen a reunir de nuevo en la mente, concluye la sesión llevándote contigo tu elevadora percepción.

5. Puedes cerrar la sesión escribiendo lo recibido y reflexionado. Consolida la información recibida con palabras, dibujos, símbolos, o lo que el espíritu te pida, como la danza o el canto.

6. Agradece el momento vivido y el valor de la experiencia.

EJERCICIO. ¡A PRACTICAR!

Haz un registro de prácticas. Cada día que practiques la consciencia de la respiración y la meditación en las sensaciones, completa un registro y haz un seguimiento de las ideas que te surjan en las prácticas. Te ayudará a integrar lo que vayas aprendiendo de tu experiencia, anotando el día y hora y qué fue lo más destacado de esta práctica. Este momento de 10 a 15 minutos que te dedicas a diario modificará positivamente tus días.

4. ESCANEAR EL CUERPO: OTRA VARIABLE MEDITATIVA

Para trabajar un hábito antiestrés, hay un ejercicio fundamental que te invito a realizar en casa y que se centra en prestar atención a las sensaciones físicas, mediante la práctica del llamado escáner corporal. En mi libro anterior: *Mindfulness: observar, escuchar, respirar, detenerse,* he acompañado esta práctica formal de la atención plena. Sin embargo, es de tal magnitud su importancia para mejorar la salud en la vida diaria y para mantener el equilibrio en el bienestar físico y mental, que vuelvo a traerlo como una meditación diaria para que te acostumbres a realizar este ejercicio de consciencia corporal, en especial, a la noche antes de acostarte.

Examinar el cuerpo es una práctica muy importante que te ayudará a entrenar las habilidades de la atención llevando la consciencia una y otra vez a las sensaciones físicas. En otro nivel más profundo, esta práctica sumamente sanadora te ayudará a reconectar con tu cuerpo y habitarlo de nuevo, desde adentro.

Vivimos en una cultura en la que es habitual descuidar el cuerpo y tratarlo como a un objeto fuera de nosotros. Desde una época moralista que lo consideraba la prisión del alma y fuente de todos los pecados, hemos pasado a una era altamente tecnológica en la que la vida virtual parece que ocupa más espacio que la vida real. Pasamos muchas horas sentados frente algún tipo de pantalla en posturas muchas veces dañinas. Vivimos en la virtualidad largas horas una realidad que nos puede desconectar del cuerpo, y cuando no escuchamos las sensaciones que experimenta, perdemos la capacidad de interpretar los mensajes que intenta transmitirnos. En cierto modo una sensación desatendida es como una carta que nos hemos enviado nosotros mismos, pero que nunca hemos abierto.

Con la práctica del escáner corporal y la meditación centrada en nuestras sensaciones corporales recuperamos activamente el cuerpo como una dimensión preciosa de la vida, y vamos, poco a poco, sintonizándonos con nuestra experiencia y alejándonos de la objetivación y manipulación de nosotros mismos.

El escáner corporal suele sentirse muy relcjante y no es raro quedarse dormido. Ya sea que te relaje o no, ten presente y en cuenta que este no es un ejercicio de relajación, sino una práctica de la consciencia corporal, de la propiocepción, en la que entrenamos a la mente para que entre en contacto con la experiencia del momento, libre de juicios.

En el escáner corporal no hacemos contracción o relajación de músculos como en otras técnicas de relajación. Escanear el cuerpo consiste simplemente en tomar conciencia de cómo se está en el momento presente sin intentar cambiar nada.

1. Si eres capaz de tumbarte en el suelo sin quedarte dormido, échate de espaldas y con los brazos separados a unos 45 grados del cuerpo, las palmas con las manos hacia arriba. Si necesitas estar más cómodo, colócate una almohada debajo de la cabeza y otra debajo de la rodilla. Quizás prefieras escanear el cuerpo sentado manteniendo la columna razonablemente recta. Deja que los ojos se cierren suavemente.

2. Empieza por prestar atención a los dedos del pie izquierdo, observa cualquier sensación que notes en ellos. Es tan habitual dar por supuesta la existencia de los dedos de los pies que si no nos duelen, no nos damos cuenta de que están ahí. Fíjate en todo lo que sientes en ellos ahora mismo, en este preciso instante, sin intentar juzgarlo ni cambiar nada. Si notas que las sensaciones de los dedos varían, toma consciencia de ese cambio sin tratar de controlarlo.

3. Ahora dirige la atención al empeine del pie izquierdo tomando consciencia de lo que sientas en el momento, fijándote en cualquier sensación que aparezca, como la de la piel al estar en contacto con las medias, o las sensaciones de calor o frío, presión, tensión, hormigueo o picor.

Cada vez que observes que la mente se aleja de la parte del cuerpo en la que te estás concentrando, simplemente reconoce que se ha puesto a divagar y tráela de vuelta con amabilidad al cuerpo. Al hacerlo, no te agobies ni te enojes por perder la concentración, limítate a centrar de nuevo la atención en la parte del cuerpo en la que estabas pensando o poniendo el foco y, sin enjuiciar, sigue escaneándolo.

4. Continúa despacio por todo el cuerpo, subiendo por la pierna izquierda hasta la pelvis y después por la derecha, empezando por los dedos del pie. Luego concentra la atención en las diversas zonas del torso, el abdomen, la parte inferior de la espalda, la parte superior, el pecho y los hombros. Baja por ambos brazos hasta los dedos de las manos y pasa después al cuello, la garganta y a las otras áreas de la cara. Termina con la espalda y luego la parte superior de la cabeza.

5. Recorriendo el cuerpo no tiene por qué ocurrir nada especial, la mayor parte de lo que notes serán sensaciones muy sencillas: presión, contacto, hormigueo, calor, frío, suavidad, pesadez, liviandad. Si en alguna parte del cuerpo no notas ninguna sensación, simplemente obsérvalo, tal vez empleando una etiqueta mental como "entumecido" o "en blanco". Si en otros lugares sientes dolor o alguna sensación, reconoce la experiencia y vuelve con delicadeza la atención a la parte del cuerpo que está recorriendo con tu consciencia.

6. Deja que la atención se detenga en la parte superior de la cabeza y, a continuación, emplea la esfera de la consciencia para incluir la respiración. Imagina que respiras a través de todo el cuerpo, empezando por la cabeza y bajando hasta los dedos de las manos y de los pies. Al inspirar, deja que el aire llene todo el cuerpo. Al expirar, deja que salga todo el aire del cuerpo. Puedes permanecer en este estado de quietud durante algunos minutos. Cuando estés preparado, trae de vuelta tu atención a todo tu cuerpo empezando a mover los pies y las manos. Tal vez quieras mover también los brazos y las piernas, estirarte o rodar de un lado al otro sobre la espalda.

7. Abre poco a poco los ojos y devuelve la consciencia al espacio a tu alrededor.

5. ELEGIR UN HORARIO DE INICIO DEL DÍA QUE DÉ TIEMPO A ORGANIZARTE SERENAMENTE

Levántate a un horario que te dé tiempo para hacer tus rutinas de inicio del día cómodamente, sin pasar apuros ni tensiones innecesarias. Si necesitas para estar tranquilo dos horas en vez de una, toma esta decisión. Este inicio del día, sereno y con tiempo, es uno de los mejores aportes para tu serenidad y calma.

6. REALIZAR ACTIVIDAD FÍSICA

Cualquier actividad física hecha con regularidad mejora la descarga emocional negativa, la tensión y la preocupación. Para no estresarse, es fundamental generar una buena descarga física, con la consigna de hacerla con frecuencia, repetirla para volverla un hábito y que te guste.

7. INGERIR UN ALIMENTO SANO A DIARIO

Elige un alimento rico en fibras, en agua, proteico, que te aporte energía vital y sanadora. Puede ser una fruta, un jugo natural, verduras de cualquier tipo, un huevo duro, un yogur. Preferentemente que sea sano, natural y te guste.

8. BEBER 2 LITROS DE AGUA

Mejora la salud, limpia los riñones, el sistema cardiovascular, colabora con el descenso de peso y la hidratación de la piel.

9. INCORPORAR UNA ACTIVIDAD DE DISFRUTE POR DÍA

Seguro sabes qué es lo que te gusta y que no realizas. Puede ser un deporte, la lectura de un libro, cantar, bailar, escuchar música, caminar, conversar con un amigo, ir al cine. Debes realizar algo al día que te resulte satisfactorio para poder sostener las rutinas cotidianas.

10. ESTABLECER LAS RECOMPENSAS PARA LAS TAREAS PLANIFICADAS, DESAFÍOS LOGRADOS O INCLUSIÓN DE BUENOS HÁBITOS NUEVOS

Cada nuevo hábito incorporado, al finalizar la tarea programada, a veces postergada, cualquier logro por pequeño que parezca, si te costó algún esfuerzo, merece una recompensa que te permita asociar lo hecho con algo placentero.

11. REALIZAR MINIPAUSAS

Tener pequeños cortes de 5 minutos a 15 minutos de paz al día, a la mañana, al mediodía, a la tarde y a la noche, permite conectar con las emociones y con el cuerpo. Lo ideal es que te pongas llamadores, con el celular u otra forma. En estas minipausas puedes dar una vuelta manzana, hacer las 10 respiraciones abdominales profundas, tomar un vaso de agua, comer una fruta, escuchar una canción, lo que te resulte restaurador y te sirva para cargar tu energía.

12. TÓMATE UN TIEMPO SEMANAL PARA REUNIRTE CON LOS AFECTOS

Este tiempo puede ser encuentros con la familia, con amigos, con colegas, en los grupos sociales de cualquier área de la vida. El encuentro humano nos hace sentir en red, en comunidad, eleva nuestra autoestima y nos hace sentir confiados. Estos sentimientos propios de lo humano aumentan las endorfinas y otras hormonas del bienestar que contrarrestan el cortisol y la adrenalina, hormonas del estrés.

EJERCICIO. ¡A PRACTICAR!

Elige uno o más hábitos antiestrés. Diseña cuándo, cómo y dónde desarrollarás el hábito elegido. Diseña el espacio meditativo, o para la actividad física, o para dejar por un rato la tecnología, o cualquier nueva práctica que quieres convertir en hábito. Genera condiciones de apoyo en el contexto para que sea fácil llevarlo a cabo. Piensa una recompensa sana para gratificarte por incluir el nuevo hábito. Registra en una agenda los días que lo llevas a cabo y anota los beneficios que obtienes.

Insisto con el momento diario de disfrute, de risa, de baile, de abrazo, de música, para exorcizar el estrés.

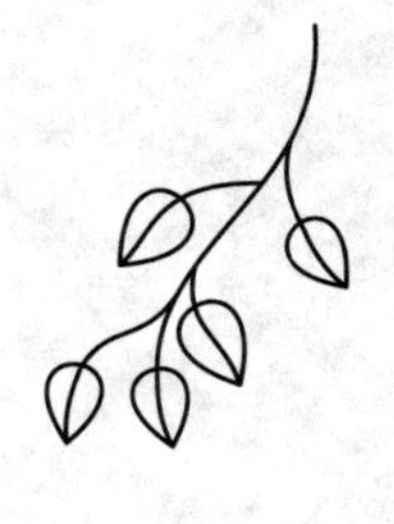

Capítulo 8

HÁBITOS PARA GENERAR RELACIONES SANAS Y VALIOSAS

El hábito es un compromiso entre el individuo y su entorno.

Samuel Becket

Las relaciones personales están directamente relacionadas con tu felicidad.

El aspecto de la realidad que más incide en tus resultados positivos o negativos es el área de las relaciones interpersonales. Su cultivo y armonización son la clave de tu éxito personal y profesional, y de tu percepción de satisfacción y bienestar.

Habitualmente no somos conscientes del poder trascendente que ejercen las relaciones pasadas y actuales sobre nuestros logros.

Si quieres hacer un diagnóstico o evaluación de tu vida actual, enfócate en analizar tu red social personal cuantitativa y cualitativamente.

Los hábitos que ejerces en esta área te posicionan en el mundo, en tu medio ambiente, y espejan tu identidad pública y privada.

La red social personal puede ser definida como la suma de todas las relaciones sociales que un individuo percibe como significativas.

En ella se incluyen la familia, las amistades, las relaciones laborales o escolares y las relaciones comunitarias.

Somos seres sociales, nuestra supervivencia depende de la interacción con otras personas, y dedicar tiempo a las relaciones sociales influye en la salud propia y en la de los demás. De una manera natural, interactuamos con otras personas en distintos ámbitos: familiar, laboral, tiempo de ocio, pero no siempre en la cantidad y calidad deseables.

El bienestar interpersonal se construye en forma activa. Para conseguirlo, es necesario tomar consciencia de desde dónde partimos y hacia dónde queremos ir. También debemos ser responsables de nuestros actos y no excusarnos en la falta de tiempo o en lo que hacen los demás. El cambio depende de nosotros.

Si, por ejemplo, se suma todo el tiempo perdido en mirar pantallas y contestar e-mails o mensajes no deseados, seguro que se puede ganar un rato para los que nos interesa de verdad. La presencia de una red social afecta positiva o negativamente a la salud de las personas. Se consideran como positivos: el efecto reductor del estrés; provee sentido a la vida de sus miembros; retroalimenta las desviaciones de salud que facilitan comportamientos correctivos; favorece actividades que mejoran el estilo de vida, la dieta, el ejercicio.

Tener el firme compromiso de realizar alguna acción de mejora en esta área es el primer paso para cambiar.

Pero antes de realizar cualquier cambio, debemos saber el para qué lo vamos a hacer. Y la indagación que sigue es saber con quién contamos.

Hacer un balance es el primer paso si se desea un cambio. La sugerencia es elaborar una lista de todas nuestras relaciones.

De todas las relaciones actuales, te propongo que hagas foco sobre tu red de amigos. Algunos de ellos habrán surgidos de nuestra red más amplia, relaciones laborales, escolares, o comunitarias.

Luego de hacer el balance de tus amistades, clasifícalas según el grado de intimidad y el compromiso mutuo, en tres categorías:

- Amigos íntimos o incondicionales: son aquellos que están siempre, y comparten momentos buenos y malos. Son los que puedes llamar a cualquier hora y sabes que te acompañarán en situaciones difíciles.
- Amigos próximos: son con los que compartes fiestas, viajes y otros eventos, e invitas a tu casa, pero no los sueles molestar en caso de apuro, ni les cuentas tus intimidades.
- Amigos coincidentes: son con los que te unen algunos intereses y aficiones, grupos de intercambio de inglés, asociaciones, pero a ellos no les sueles abrir tu hogar, y, menos, tu corazón.

EJERCICIO. ¡A PRACTICAR!

1: Dibuja un gráfico, con tres círculos concéntricos poniendo en el círculo central a tus amigos íntimos (entre 2 a 5); en el segundo círculo, a los próximos (entre 5 y 10) y en el tercero, a los amigos coincidentes (más de 10).

Luego responde estas preguntas:

- ¿A quiénes he llamado en estos días?
- Si tuviera un problema, ¿a quién llamaría?
- ¿Con quién me iría de viaje?
- ¿Con quién comparto aficiones?

Mirá con atención el gráfico y las respuestas a las últimas preguntas y haz un balance:

- ¿Estoy satisfecho con mi situación actual?
- ¿Para qué invertiré tiempo en el bienestar social?
- Hace rato que dejé el hábito de llamar y ver a mis amigos, ¿me gustaría realizar un cambio, aunque sea pequeño, para empezar?
- ¿Cómo podría compaginar el incremento de las relaciones sociales con otras áreas de bienestar?
- ¿Cuál será mi objetivo a corto, mediano y largo plazo?

2: Inventario de opiniones

1. Haz una lista de por lo menos 20 opiniones que has escuchado sobre tu manera de ser y de relacionarte con amigos, empleados, compañeros de trabajo, jefes, docentes, parejas, familiares.

2. Elige 5 personas de diferentes ámbitos y pregúntales cómo eres con ellos a la hora de relacionarte. Si te da pudor, diles que es un juego o una actividad de aprendizaje.

3. Analiza la información obtenida y piensa qué hábitos están escondidos en esas opiniones que obtuviste.

4. Diseña cómo quieres que sean tus relaciones a partir de ahora, qué te gustaría que dijeran de ti y qué hábitos quieres mostrar en tus vínculos para que sean más armónicos y consistentes.

HÁBITOS RELACIONALES POSITIVOS

1. COMUNICACIONALES

Escuchar: es un hábito que necesitamos aprender. Hemos sido entrenados intelectualmente más para hablar que para escuchar. Observando nuestra biología, vemos que tenemos una boca y dos orejas, sería deseable que escuchemos el doble de lo que hablamos. Escuchar no implica solamente estar en silencio, sino, además, abrirse a la realidad que es el otro, sin juzgarlo. Escuchar es una actitud de apertura. No significa estar de acuerdo, sino dejar entrar su punto de vista, su humanidad y validarlo. Cuando una persona se siente realmente escuchada, se crea un espacio de confianza e intimidad que permite construir relaciones humanas significativas. Ser escuchado y escuchar de esta forma es un regalo que forja relaciones de mutuo respeto y compromiso.

Prestar atención a los gestos y las palabras: para la comunicación verbal y no verbal es necesario prestar atención al valor de los detalles. Una palabra que causa agravio, un comentario desubicado o un gesto fuera de lugar pueden dañar irreversiblemente el futuro de una relación. La ira, el enojo, el disgusto, la molestia, el fastidio o la irritación, varía el modo en que la mencionamos según su intensidad, es una emoción universal cuya principal función adaptativa consiste en remover obstáculos que impiden conseguir objetivos que son relevantes. Cuidar estos intercambios forma parte de un arte que requerimos cultivar, considerando el enorme impacto de la comunicación en nuestras vidas.

Mantener una comunicación amable: la amabilidad, la cordialidad, la solidaridad y el trato cálido facilitan cualquier comunicación humana. Tanto si es una entrevista laboral, el trato de un empleado como con pares o jefes, la amabilidad produce gratitud y reciprocidad.

Ser asertivo: permite a las personas expresar de manera adecuada, sin hostilidad ni agresividad, sus emociones frente a otra persona. Las personas que poseen esta cualidad expresan de manera directa sus opiniones y sentimientos, tanto positivos como negativos. Este estilo de comunicación directa y clara genera confianza y permite construir relaciones honestas.

Chequear la comunicación: no es suficiente comunicar unidireccionalmente. Yo digo lo que digo y el otro escucha lo que escucha. Muchas veces hay un abismo entre lo que se dice y lo que se escucha. La comunicación efectiva requiere la corroboración del mensaje, precisar el contenido, explicar lo que se quiso decir o se quiso expresar. Eliminar los malentendidos de la comunicación es crucial para mejorar las relaciones interpersonales.

Poner límites y aceptarlos (decir que "sí" y "no"): aprender a poner límites y respetarlos sostiene las relaciones en armonía a lo largo del tiempo. Ser consecuentes con el "sí" y con el "no" es fundamental para generar acuerdos duraderos y honrar los compromisos.

Opinar con cuidado: preferentemente compartí tus opiniones sobre las personas que te rodean si te lo piden, de lo contrario, no lo hagas o hazlo con amabilidad y respeto, sin comparaciones ni juicios negativos, fundándote en hechos. Antes de dar tu opinión, pregunta primero y no des por cierto lo que piensas, evita hablar desde tu espacio de obviedad.

2. EMOCIONALES

Construir confianza: en las relaciones interpersonales, la confianza cotiza en bolsa, es decir, tiene un valor extraordinario. Decir, sentir y hacer en coherencia es el contenido de este concepto. La confianza se construye siendo confiable, honrando los compromisos asumidos, siendo sinceros e involucrándose en el vínculo. Lleva tiempo crearla y es muy lábil cuando hay actos que permiten interpretar duda, sospecha o traición.

Gestionar las emociones: las emociones necesitan gestionarse armónicamente para cuidar las relaciones y los vínculos. Los excesos emocionales lesionan, se dice y se hace equivocadamente, desde un lugar que no respeta ni valida al interlocutor. Desde el miedo, el enojo y el resentimiento.

Gestión del enojo: evitar los incendios y explosiones: la ira, enojo, disgusto, molestia, fastidio o irritación, cualquier forma mediante la cual la llamemos según su intensidad, es una emoción universal cuya principal función adaptativa consiste en remover obstáculos que impiden conseguir objetivos que son relevantes.

El enojo es una emoción que tiene disparadores concretos, que permiten saber qué nos frustra, y a la vez, produce un plus de energía disponible para enfrentar aquello que nos enoja y pasar a la acción, a resolver.

Sin embargo, cuando esta emoción aparece puede predisponernos a resolver o a descargar la bronca. Esta última actitud suele afectar seriamente nuestras relaciones interpersonales porque al volcar en la otra persona la energía que produce la ira, perdemos la oportunidad de solucionar la causa de fondo y culpamos al otro de lo que nos frustra.

Por eso, que distinguir los disparadores y empezar a gestionar nuevos hábitos en relación al enojo puede modificar positivamente nuestra vida relacional.

EJERCICIO. ¡A PRACTICAR!

Explorando los desencadenantes de la ira: prevenir el incendio

¿Qué cosas te hacen enojar? Haz una lista de los principales desencadenantes de tu ira.

¿Cómo sueles reaccionar cuando estás enojado? Anota tus principales reacciones de ira.

Escribe los patrones o conductas que repites cuando te enojas.

Cuidarse bajo la influencia del enojo

No conversar, no opinar, no decidir ni actuar bajo la influencia del enojo. Dentro de lo posible, postergar y evitar actuar en esos momentos.

La descarga del enojo requiere actividad física para soltar los neurotransmisores del enojo que transitan por las venas. Puede ser caminar, correr, practicar algún deporte… Hay que transpirar y dejar que se vaya de nuestra sangre.

Salir del estado que produce la ira

Si no es posible evitar o salirse de la situación que produce enojo, conscientemente hacer respiraciones diafragmáticas para respirar profundamente y salir de la hiperventilación característica del enojo intenso.

Meditar para transformar la ira

Normalmente nuestras respuestas emocionales están sumamente condicionadas y automatizadas. Arrastrados por los vientos de las emociones, a menudo experimentamos confusión, discordia y enfermedades físicas. Cuando comprendes este proceso, puedes asumir más control y responsabilidad sobre cómo usas tus emociones. Puedes aprender a recuperar el equilibrio y llevar la armonía a tu mente-cuerpo generando las emociones adecuadas como un antídoto para los aspectos egocéntricos y a menudo destructivos de tus reacciones emocionales.

Para transformar nuestras reacciones emocionales, en primer lugar, es necesario comprender cómo funcionan las emociones. Por lo tanto, una comprensión analítica de los componentes atómicos de una ira ciega permite que una persona que normalmente se enoja pueda controlar su mal genio, y, quizá, con paso del tiempo ya no se deje arrastrar por él.

Recuerda que cada emoción puede expresarse desde la verdadera esencia del espíritu humano o desde el distorsionado partidismo de nuestro propio egocentrismo. Una te liberará y la otra te encerrará eternamente en un ciclo de discordia. Por ejemplo: la ecuanimidad puede conducir a la apatía; la alegría, a la euforia; la compasión, al sentimentalismo, y el al amor, al apego.

El aprendizaje de la meditación ayuda a centrar la atención para comprender la interacción de las actitudes mentales, los sentimientos y las reacciones físicas. Cuando comprendas este complejo proceso, podrás mantener o recuperar tu equilibrio interior generando una emoción que sea un antídoto apropiado para un estado emocional perturbador. Por ejemplo: el amor contrarresta la apatía; la ecuanimidad calma la euforia; la alegría disuelve la fijación al sentimentalismo y la compasión inhibe el apego.

MEDITACIONES TRANSFORMADORA DE EMOCIONES

1. En una situación cargada de emotividad, centra la atención en las sensaciones físicas del cuerpo y en tus propios sentimientos emocionales, no en la situación ni en las personas implicadas. Si en tu cuerpo sientes tensión, presión u opresión, dirige la atención hacia esas sensaciones. Respira y relájate. Recuerda que eres el

único responsable de tu reacción mental, emocional y física ante la situación. Respira, relájate y abre el campo de atención para encontrar una solución o una respuesta creativa al reto.

2. Investiga las sensaciones físicas e imágenes mentales relacionadas con tu estado emocional. Reflexiona sobre: "¿Cómo siento en realidad este miedo, este enojo? ¿En qué parte del cuerpo lo siento? ¿Cuán grande es? ¿De dónde viene y a dónde va? ¿Qué pensamientos y círculos mentales que suenan como un disco rayado se vinculan con este miedo o enojo? Descubrirás que, por el simple hecho de investigar la naturaleza de tus reacciones emocionales, su intensidad disminuye. Podrás calmar y aclarar la mente y responder desde un estado de calma y serenidad.

A medida que desarrolles la capacidad de reconocer y aceptar con autenticidad lo que estás sintiendo, podrás comprender mejor el potencial destructivo de los estados emocionales negativos. Esta directa comprensión te permitirá cultivar deliberadamente respuestas emocionales nuevas y más eficaces que aportarán más equilibrio y armonía a tu comportamiento y tus relaciones.

GESTIÓN DEL MIEDO: EL ARTE DE NO RESPONSABILIZAR A LOS OTROS DE LO QUE NOS SUCEDE

El miedo es uno de los desafíos principales con los que nos encontramos en el camino del cultivo del equilibrio emocional. Cuando tenemos miedo, nuestra perspectiva, nuestra imaginación y nuestros recursos personales se contraen y comenzamos a habitar en el mundo desde un sentido disminuido del yo. Cuando tenemos miedo, nos hacemos más pequeños de lo que somos.

En nuestras relaciones interpersonales, el miedo nos hace actuar en forma retentiva, escasa y controladora. A veces, por miedo al abandono o a la soledad, nos ponemos posesivos y celosos, transmitimos tensión y las discusiones aumentan.

HÁBITOS PARA LA GESTIÓN DEL MIEDO

Hábito de búsqueda de recursos

El miedo puede interpretarse como un desequilibrio entre una interpretación de amenaza y una interpretación de escasez de recursos para enfrentar dicha amenaza. Por lo tanto, al sentir miedo es importante listar los recursos para enfrentar el desafío o la amenaza, y gestar el hábito de pedir ayuda. Saliendo de la rumia mental y emocional, encontraremos colaboración en nuestro medio ambiente.

Hábito de respirar en forma circular

La respiración circular es sumamente útil para equilibrar y centrar las energías de tu mente-cuerpo. Incorporar este recurso para gestionar las emociones negativas es un hábito poderoso para intervenir cuando empiezan sus síntomas, por ejemplo, las del enojo o las del miedo.

1. Siéntate cómodamente.

2. Empieza siendo consciente del cuerpo y del fluir natural de la respiración. Al inspirar, dirige la atención al centro del cuerpo, justo debajo del ombligo, y recorre después con la atención la espalda hasta la cima de la cabeza.

3. Al espirar, imagina la respiración descendiendo por la parte frontal del cuerpo hasta llegar al ombligo. Al inspirar, vuelve a recorrer con la atención toda la espalda hasta llegar a la cabeza, y baja después por la parte delantera del cuerpo.

4. El punto de partida y el final de cada respiración es el ombligo, en el centro del cuerpo. En la cúspide de la inspiración, la atención se centra en la cima de la cabeza durante un momento.

5. Practica hasta lograr, fácilmente y sin esfuerzo, hacer circular esta corriente de energía alrededor de la órbita descrita. Cuando hayas aprendido a iniciar esta corriente circular equilibrada energía y atención, podrás descansar en ella mientras la mantienes, aunque te dediques a otras actividades.

Es una práctica excelente para mantenerte concentrado y sereno en medio de la turbulencia y distracción de la vida cotidiana, sobre todo, cuando esos sucesos disparan emociones intensas como enojo y miedo.

3. RELACIONALES

DESARROLLA EL HÁBITO DEL PERDÓN

¿Cuándo has conseguido los mejores resultados en el intercambio con otros? ¿Cuántas puertas abrió una sonrisa y un gesto amable? ¿Qué te sucede cuando alguien te trata cordialmente?

La gestión de las relaciones interpersonales está asociada a la manera en que dejamos fluir nuestras emociones amigables.

No basta con que aprendas a surfear tu enojo y bajar tu sistema defensivo a niveles de equilibrio, además, es esencial que te permitas y practiques expresarte en forma cordial, evitando roces innecesarios y favoreciendo respuestas amigables, usando tu sentido del humor.

¡No lo haces para los otros! No se lo dedicas a los que te rodean. Te regalas relacionarte y obtener lo que necesitas con mayor facilidad, sin pérdidas de tiempo, ni dolores de cabeza.

El buen trato es el colágeno de nuestros vínculos. Lubrica y amortigua, demorando reacciones agresivas y contraproducentes.

Las personas expertas en coordinar acciones en forma efectiva con sus equipos, compañeros de trabajo, familiares y amigos, muestran esta disposición anímica. La han entrenado tanto que ya parece natural que su humor y amabilidad sea la primera reacción. Tardan en salirse de su eje, por lo tanto, mantienen el equilibrio, logran permanecer centrados en sus intereses, y conservan el poder de decidir con ecuanimidad.

MEDITACIÓN DEL PERDÓN

La meditación del perdón es una forma maravillosa de curar el dolor de las viejas heridas emocionales que bloquean nuestro corazón y nos impiden confiar, amarnos y amar.

1. Empieza sentándote en silencio, relaja el cuerpo y centra la mente en la respiración. Deja que los recuerdos, las imágenes y las emociones floten libremente en tu mente, al margen de lo dolorosas que sean las cosas que hayas hecho, dicho o pensado por las cuales no te has perdonado.

Con el corazón dite: "Me perdono por cualquier cosa que pueda haber hecho en el pasado, adrede o sin querer, con mis acciones, palabras y pensamientos que me han causado dolor. He aprendido y crecido y ahora estoy preparado para abrir mi corazón. Que sea feliz, que me libere de la confusión, que conozca la labor de comprenderme verdaderamente a mí mismo, a los demás y al mundo. Que llegue a conocer mi propia totalidad y plenitud y que ayude a los demás a alcanzar lo mismo".

2. Ahora, en el espacio que hay frente a ti, imagina a una persona que ames y a la que desees perdonar o recibir su perdón. Desde tu corazón al suyo, comunícale directamente esta intención: "De todo corazón te perdono cualquier cosa que puedas haberme hecho, adrede o sin querer, con tus acciones, palabras o pensamientos, que me ha causado dolor. Te perdono y te pido que me perdones por cualquiera cosa que pueda haberte hecho, adrede o sin querer, con mis acciones, palabras o pensamientos que te han causado dolor. Te ruego que me perdones, que seas feliz, libre y dichoso. Que ambos abramos nuestros corazones y mentes para encontrarnos con el amor y la comprensión a medida que crezcamos.

3. Imagina que este mensaje es recibido y aceptado, y afirma la sensación de reconciliación entre vosotros. Deja después que la imagen de aquella persona se funda en el espacio.

4. Repite la visualización poniendo frente de ti a alguien por el que sientas resentimiento o negatividad. Repite la oración del punto 2.

5. Repite esta meditación reflexiva de perdón tan a menudo como quieras.

6. En la conclusión de cada etapa, imagina y siente tan vívidamente como puedas que te has liberado de la culpa y los remordimientos que sientes. Experimenta el perdón y una paciente aceptación por tus acciones pasadas.

EL HÁBITO DE LA *APRECIATIVIDAD*

La *apreciatividad* es un hábito que sugiero incorporar para modificar positivamente las relaciones interpersonales.

¿Qué es exactamente la apreciatividad? Es la capacidad de notar lo que es apreciable en nosotros y en los demás. Ver todo el potencial que hay en nuestros amigos, familiares y cualquier relación que tengamos mejora sustancialmente nuestro mundo relacional. Podemos aprender y enseñar a conectar con ese amor y amabilidad, y así expandir esta capacidad natural momento a momento.

EJERCICIO. ¡A PRACTICAR!

1. Anota 3 personas con quienes habitualmente discutes o te enojas o tienes discrepancias.
2. Escribe 5 cualidades o características que aprecias de estas personas.
3. Trae a tu mente y escribe un ejemplo de cada una de las cualidades que has descripto.
4. Elige 3 cualidades tuyas que aprecias.
5. Describe 2 situaciones donde se puede apreciar lo escrito en el punto 4.

HÁBITO DE AGRADECER: LA GRATITUD MEJORA LAS RELACIONES INTERPERSONALES

Una estrategia importante es tomar contacto con la gratitud y el aprecio, notar lo que funciona bien en nosotros mismos y en los demás, ver todo lo bello que hay a nuestro alrededor y en las personas de nuestro entorno. Esta mirada apreciativa nos ayuda a absorber lo bueno y saborear los regalos que ya están presentes.

Algunas personas desarrollan el hábito de llevar un diario de gratitud, un registro de las buenas acciones recibidas, de las ofrecidas, de los logros para aprender a enfocarse en lo que hay y tienen y quitarle el volumen a lo que no hay o les falta.

EJERCICIO. ¡A PRACTICAR!

1. Escribe 3 hábitos que creas favorecen tus relaciones interpersonales.
2. Escribe 3 hábitos que mejoran la relación contigo mismo, haciéndote sentir más confiado.

Capítulo 9

CÓMO DISEÑAR LOS HÁBITOS PARA EL BIENESTAR

La tormenta es una buena oportunidad para que el pino y el ciprés demuestren su fortaleza.

Ho Chi Minh

Lo más difícil de estudiar la ciencia de los hábitos es que cuando la mayoría de la gente oye hablar de este campo de estudio, quiere saber la fórmula secreta para cambiar cualquier hábito al instante. Si los científicos descubrieron cómo funcionan estos patrones, entonces lo lógico sería que también se hubiera descubierto la receta para el cambio inmediato.

No es que no haya fórmulas; el problema es que no hay una sola fórmula para cambiar de hábitos, sino miles.

Los individuos y sus hábitos son distintos entre sí, de modo que los detalles específicos del diagnóstico y el cambio de patrones difieren entre personas y entre comportamientos. Dejar de fumar es distinto a contralar atracones compulsivos, lo cual no es igual a cambiar la comunicación conyugal, que, a su vez, es distinto de la forma en que priorizamos las tareas en el trabajo. Por si fuera poco, los hábitos de cada persona están motivados por ansias diferentes.

La idea es ofrecerte una guía para experimentar con la forma de cambiar los hábitos. Algunos hábitos son fáciles de analizar y modificar. Otros son más complejos y obstinados, y requieren que los examinemos con más cuidado y detenimiento. En algunos casos, el cambio es un proceso que nunca concluye del todo. Pero eso no significa que el cambio sea imposible.

El marco de referencia descripto en este capítulo proviene de las investigaciones en psicología y hábitos de los científicos del MIT al mando de Berverly Squire y del experto Charles Duhhig. Este marco de referencia no es una guía exhaustiva, sino un mero punto de partida práctico. El cambio no necesariamente es rápido ni sencillo. Sin embargo, con esfuerzo y dedicación, es posible reconfigurar casi cualquier hábito.

GUÍA DE TRABAJO

1. Identifica la rutina.
2. Experimenta con las recompensas.
3. Aísla la señal.
4. Diseña un plan.

1. Identifica la rutina

Los investigadores del MIT citados descubrieron que hay un bucle neurológico en la base de cualquier hábito el cual consiste en tres partes: una señal, una rutina y una recompensa. Para entender tus propios hábitos, necesitarás identificar los componentes de tus propios bucles. Una vez que hayas elaborado el esquema del bucle del hábito de un comportamiento en particular, puedes buscar formas de reemplazar los viejos vicios por rutinas nuevas. Por ejemplo, supongamos que tienes el mal hábito de ir todos los días a la cafetería a comprar una porción de torta de chocolate; este hábito ha hecho que ganes unos cuantos kilos, como 3. Has intentado ponerte límites e, incluso, pegaste una nota en tu agenda y en tu notebook que dice: "no más torta de chocolate". Sin embargo, de algún modo, logras ignorar la nota; te pones de pie, vas a la cafetería, compras la porción de torta de chocolate, y, mientras conversas con tus amigos del café, le das un mordisco. Te gusta, pero luego no tanto. Te prometes que mañana reunirás la fuerza de voluntad suficiente para resistirte a la tentación. Mañana será otro día. Pero cuando llega el día de mañana, el hábito se apodera de ti de nuevo.

¿Cómo diagnosticar lo que sucede y luego proceder a cambiar este comportamiento? ¡Descifrando el bucle del hábito! Lo primero es identificar la rutina. En el caso de la porción de torta de chocolate y, en la mayoría de los hábitos, la rutina es la parte más obvia. Es el comportamiento que quieres cambiar. La rutina es que te levantas del escritorio todas las tardes, caminas a la cafetería, compras la porción de torta de chocolate y te la comes mientras conversas con tus amistades. Eso es lo que anotas del bucle en tu cuaderno de cambio de hábitos.

Después hay que hacerse algunas preguntas menos obvias: ¿Cuál es la señal que dispara la rutina: es apetito, aburrimiento, hipoglucemia, la necesidad de tomar un descanso antes de ahondar en otra tarea? ¿Cuál es la recompensa: la porción de torta, el cambio de escenario, la distracción personal, la socialización con tus amigos, el aumento de energía causado por el azúcar? Para descifrar las respuestas, es necesario experimentar un poco.

2. Experimenta con las recompensas

Las recompensas son potentes porque satisfacen las ansias, los deseos. Sin embargo, con frecuencia, no somos conscientes de que las ansias motivan nuestro comportamiento, por ejemplo, cuando nos lavamos los dientes creemos que es para generar limpieza, salud bucal, cuidado integral. Sin embargo, los que estudiaron el marketing del fenómeno del hábito del lavado de dientes con pasta dental descubrieron que, en realidad, lo que queremos es la sensación fresca mentolada que otorga la pasta, más que las otras razones racionales.

Para identificar cuáles son las ansias que motivan ciertos hábitos en particular, es útil experimentar con distintas recompensas. Puedes tomarte varios días, una semana o más para descubrir las recompensas. Durante ese período no deberías sentir la presión de hacer un cambio real de hábito, basta que con que te visualices como un científico que está en la fase de recopilación de datos. El primer día del experimento, cuando sientas el impulso de ir a la cafetería a comprar la torta de chocolate, ajusta la rutina para que te dé una recompensa diferente, por ejemplo, en lugar de caminar a la cafetería, sal a la calle y da una vuelta a la manzana, y vuelve a tu escritorio sin haber comido nada. Al día siguiente, ve a la cafetería compra unas masitas y llévalas a tu escritorio, y cómelas allí. Al otro día, ve a la cafetería, compra una manzana y cómetela mientras conversas con tus amistades del café. La siguiente vez, prueba con una taza de café directamente. Otro día en lugar de ir a la cafetería, ve a la oficina de algún amigo y conversa con él durante algunos minutos. Creo que ya sabes a dónde van estos experimentos. Lo que hagas en lugar de ir por la torta de chocolate no es relevante, el punto es poner a prueba distintas hipótesis para determinar cuál es el deseo que dispara la rutina: ¿es la torta de chocolate o es las ganas de tomarte un descanso del trabajo? Si es la torta de chocolate, será porque requieres un disparo de energía como el que provee la torta, en cuyo caso, el café cumplirá esa función. O acaso ir a la cafetería es un pretexto para socializar, y la torta, un pretexto conveniente. En ese caso, ir al escritorio de alguien más a conversar unos cuentos minutos debería satisfacer tu anhelo.

Conforme pruebes cuatro o cinco recompensas diferentes, usa un viejo truco para identificar patrones. Después de cada actividad, anota en una hoja las primeras tres cosas que te vengan a la mente cuando vuelvas a tu escritorio. Pueden ser emociones, pensamientos o reflexiones sobre cómo te sientes, o las primeras tres palabras que se te ocurran. Después de escribir las tres palabras, programa una alarma en tu reloj o en tu computadora para que suene en 15 minutos. Cuando suene, hazte la siguiente pregunta: "¿sigo sintiendo ganas de ir por ese pedazo de torta?".

Hay dos razones por las cuales es importante anotar tres cosas, aunque se trate de palabras sin sentido. En primer lugar, nos obliga a tomar consciencia momentánea sobre lo que estamos pensando o sintiendo. En segundo, nos obliga a prestar atención durante un momento. Los estudios de investigación señalan que escribir unas cuantas palabras ayuda a recordar. Al final del experimento, cuando revises tus notas, te será mucho más sencillo recordar lo que estabas sintiendo, pensando, en ese preciso instante, ya que anotaste esas palabras que detonarán una oleada de reminiscencias.

¿Y para qué sirve la alarma de los 15 minutos? ¿Cuál es la recompensa que quieres? Si a 15 minutos después de comer unas masitas, sigues teniendo las ganas de ponerte de pie e ir a la cafetería, entonces, el hábito no está motivado por la necesidad de azúcar. Si después de conversar con un colega en su escritorio, sigues queriendo comer la porción de torta, entonces, la necesidad del contacto humano no era lo que motivaba tu comportamiento. Por el contrario, si 15 minutos después de conversar con un amigo, te resulta fácil volver a trabajar, entonces, habrás identificado la recompensa, que es la distracción y socialización temporal. ¿Qué es exactamente lo que ansías? La respuesta es esencial para rediseñar el nuevo hábito.

Una vez que hayas descifrado la rutina y la recompensa, lo que queda es identificar la señal.

3. Aísla la señal

Identificar las señales del entorno aislando la señal que dispara el hábito es una tarea bastante difícil. Nuestra vida funciona siguiendo una serie de patrones y señales que disparan nuestras rutinas diarias. La razón por la cual es tan difícil identificar las señales que detonan los hábitos es que hay un bombardeo excesivo de información. Mientras tus comportamientos tienen lugar, no sabes bien qué observar para delimitar el espacio de influencia de la señal, y para entender cuál es la señal que dispara el hábito en particular que estás tratando de modificar.

Sin embargo, hay algunas pistas que puedes seguir, haciéndote las siguientes preguntas: ¿desayunas todos los días a la misma hora porque tienes hambre o porque el reloj dice 7:30? o ¿porque tus hijos ya empezaron a comer el desayuno o porque ya te vestiste y es el momento en que el hábito del desayuno se desencadena? Cuando giras a la izquierda de forma automática mientras conduces al trabajo ¿qué detona ese comportamiento, una señalización en la calle, un árbol en particular, el conocimiento de que se trata de la ruta correcta, todo en conjunto? Cuando llevas a tu hijo a la escuela y de pronto te das cuenta de que inconscientemente tomaste el camino al trabajo y no a la escuela: ¿qué fue lo que causó el error? ¿Cuál fue la señal que hizo que el hábito de conducir al trabajo se activara en lugar del hábito de conducir a la escuela?

Para identificar la señal en medio del ruido, podemos usar el mismo sistema que utilizaron los psicólogos de la investigación que mencioné al principio de este capítulo, que consiste en identificar de antemano categorías de comportamientos y examinarlos en busca de patrones.

Por fortuna, la ciencia nos ayuda en ese sentido. Los experimentos demuestran que casi todas las señales habituales entran en una de estas cinco posibles categorías:

1. Ubicación.
2. Tiempo/horario.
3. Estado emocional.
4. Otras personas.
5. Acción previa inmediata.

Por lo tanto, si estás intentando descifrar la señal que activa el hábito de ir a la cafetería y comprar una porción de torta al chocolate, escribe cinco cosas en el instante en el que sientas las ganas, respondiendo a las siguientes preguntas:

¿Dónde estás sentado? En el escritorio.

¿Qué hora es? 15:30.

¿Cuál es tu estado emocional? Aburrido.

¿Quién está a tu alrededor? Nadie.

¿Qué acción ha precedido el anhelo? Contestar un correo electrónico.

Al día siguiente, realiza la misma tarea y haz el registro de varios días para ver coincidencias.

¿Dónde estás? Volviendo de la fotocopiadora.

¿Qué hora es? 15 y 18.

¿Cuál es tu estado emocional? Feliz.

¿Quién está a tu alrededor? Juan, el que trabaja en deportes.

¿Qué acción ha precedido tu anhelo? Hacer una fotocopia.

Al cabo de tres días, quedó muy claro cuál era la señal que disparaba el hábito de ir a comer la torta de chocolate. Sentía ansias de tomar un tentempié a cierta hora del día. Ya nos habíamos dado cuenta de que el hambre no era lo que motivaba el comportamiento. La recompensa que buscabas era la distracción temporal que suele acompañar la charla con un amigo, con un compañero de trabajo, y ahora sabes que el hábito se activa entre las 15 y las 16 horas.

4. Diseña un plan

Una vez que tengas estructurado el bucle de los hábitos, después de haber identificado la recompensa que motiva el comportamiento, la señal que lo dispara y la rutina en sí misma, podrás empezar a cambiar el comportamiento. Puedes cambiarlo con una mejor rutina, si planeas con anticipación el comportamiento que te dará la recompensa que ansías cuando aparece la señal. Dicho de otro modo, necesitas un plan.

En todo lo que estamos conversando en este libro aprendimos que los hábitos son decisiones que en un momento dado tomamos de forma deliberada, pero que después dejamos de pensar y ejecutamos de forma automática a diario. En otras palabras, los hábitos son fórmulas que nuestro cerebro sigue de forma automática: cuando ve la señal realiza la rutina para obtener la recompensa. Para reconfigurar esta fórmula necesitamos empezar a tomar decisiones conscientes de nuevo, es decir, salir del espacio de lo automático. Según múltiples estudios, la forma más sencilla de hacerlo es teniendo un plan. A estos planes los psicólogos los llaman *intenciones de implementación*.

Volvamos un momento al hábito de comer el trozo de torta a la tarde. Con ese marco referencial detectamos que la señal ocurría más o menos a las 15:30, la rutina era ir a la cafetería, comprar una porción de torta de chocolate y conversar con las personas que estuvieran ahí, amigos, compañeros de trabajo. Por medio de la rutina, entendimos que el trozo de torta de chocolate no era lo que buscabas, sino un momento de distracción y una oportunidad para socializar. Por lo tanto, el plan que deberías ejecutar podría ser del siguiente estilo: todos los días alrededor de las 15:30 sal del escritorio donde estés sentado trabajando y dirígete al espacio de algún amigo cercano para conversar con él 10 minutos. Para no olvidarte de eso y respetar la nueva rutina que quieres incorporar, será útil que te pongas una alarma en el celular o en la computadora. El plan no funcionará de inmediato. Hay veces que ignorarás la alarma, otras que tendrás una recaída, en algunas ocasiones te será difícil encontrar un amigo para conversar y parecerá más fácil ir por la porción de torta. Sin embargo, en los días en que sí te apegues al plan cuando la alarma suene y te obligues a ir al escritorio de un amigo a conversar con él 10 minutos, descubrirás que terminará siendo un día laboral mucho más satisfactorio, y, además, perderás esos 3 kilos que sumaste a raíz de la torta de chocolate. Luego de varios días, verás que ya no necesitas ir a la cafetería, ni pedir la torta y que te sientes bien. De todas formas, con el tiempo, el nuevo hábito se incorporará. Cuando suene la alarma, encontrarás a un amigo con quién conversar y terminarás el día feliz con esa pequeña satisfacción de un encuentro para socializar con un compañero de trabajo, y cuando no encuentres a alguien con quién conversar, irás a la cafetería, comprarás un té y lo beberás con las personas que estén en ese momento en la cafetería. Todo este proceso puede llevar seis meses hasta que, en definitiva, alrededor del horario en que está previsto se detone el nuevo hábito: te pondrás de pie a eso de las 15:30, buscarás conversar con alguien, pasarás 10 minutos hablando con él o con ella y volverás a tu escritorio. Ya empezarás a hacerlo sin pensar, se habrá convertido en un nuevo hábito.

Es obvio que cambiar ciertos hábitos puede ser mucho más difícil, sin embargo, este marco de referencia es un buen punto de partida. A veces, el cambio toma bastante tiempo y, otras veces, requiere múltiples pruebas y errores. Sin embargo, cuando entiendes cómo actúan los hábitos, una vez que diagnosticas la señal, la rutina y la recompensa, obtienes poder sobre ellos con la consiguiente elevación de tu autoestima y autoconfianza.

EJERCICIO. ¡A PRACTICAR!

1. Elige un hábito que quieras incorporar.
2. Decide en qué lugar vas a llevarlo a cabo.
3. Establece el horario del día y tiempo de duración.
4. Diseña la música, los aromas, o cualquier aspecto del ambiente que te cause bienestar.
5. Crea la acción previa inmediata a la realización de la nueva rutina, será la señal que disparará el nuevo hábito.

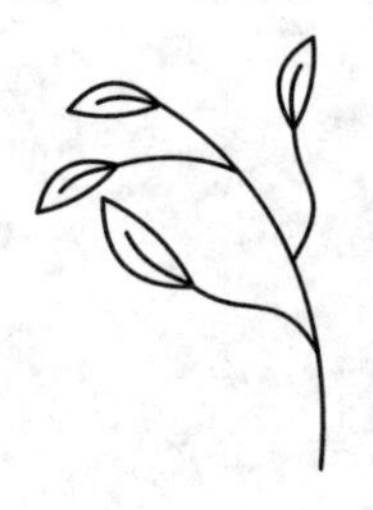

Capítulo 10

HÁBITOS PARA IMPLEMENTAR LA ACTIVIDAD FÍSICA Y LA ALIMENTACIÓN SALUDABLE

Un buen lanzamiento, en beisbol, es como tocar un instrumento muy bien afinado. Hay que repetir y repetir, y repetir.

REGGIE JACKSON

Cuando deseamos incorporar la actividad física frecuente como hábito es importante diseñar el plan, como vimos recién.

Con relación a la actividad física hay algunas consideraciones específicas que influyen a la hora de decidir gestar un nuevo hábito.

La *proximidad* del sitio donde se va a realizar la práctica es muy importante, lo mismo que ser muy estrictos con el *respeto por mantener un horario fijo,* en el cual se llevará a cabo la actividad física.

Alterar los horarios o dejarlos librados al tiempo libre dificulta la adhesión al hábito.

Influye mucho para la permanencia en el hábito fomentar relaciones sociales con personas que desarrollan actividad física con frecuencia, y, además, atreverse a socializar en los gimnasios donde se practica.

Sumarse a un grupo de personas que desarrollan grupalmente la actividad, y ya han desarrollado el hábito y la consiguiente recompensa, es fundamental para sostener la actividad física.

Por esto, han crecido los grupos de running, yoga, baile en plazas y en clubes.

Por otra parte, es conveniente aislarse de los grupos de "perezosos" mientras se trabaja en la creación del nuevo hábito, porque está probado que traccionan negativamente y bajan el nivel de adhesión al plan de acción.

Recordemos que tendemos a subestimar la influencia de las circunstancias sobre nuestros actos y, en cambio, atribuimos una importancia crucial a la toma íntima de decisiones. Es una ilusión creer que tenemos control absoluto sobre nuestros actos.

La creencia en que nuestras intenciones conscientes rigen nuestros actos puede inducirnos a un engaño: casi nos olvidamos de que tenemos cuerpos y que nuestros cuerpos están inmersos en un espacio físico y, por lo tanto, se hallan bajo la influencia de las circunstancias cotidianas.

El yo no es solo el intelecto, abarca muchas más cosas.

En la actividad física, diseña una señal fácil de ver en tu contexto, cercana en agenda a un hábito que ya vienes disfrutando, arma una rutina en un día y horario establecidos y, si es posible, con otros, investiga cuál es la recompensa que procuras obtener y hazla atractiva y muy visible. Súmate a grupos armados que amen y disfruten la actividad, ya sea bicicleta, caminatas, running, baile, surf.

✓ Ubicación: establece un lugar fijo donde llevarás a cabo la actividad.

✓ Tiempo/horario: días, horarios y tiempo estimado, 30/ 40 minutos.

- ✓ Estado emocional: sé consciente del estado de ánimo que colabora con la adhesión.
- ✓ Otras personas: convoca grupos de pertenencia para la actividad elegida.
- ✓ Acción previa inmediata: luego de la merienda, o de dejar a tus hijos en fútbol.

Si nos detenemos a considerar la comida, comer saludablemente requiere reorganizar tu cocina. Coloca en un lugar bien visible un bol lleno de frutas, en especial de las que prefieres. Especifica los horarios planeados para comer algo sano y nutritivo que te dé saciedad. Establece llamadores y recordatorios. Llena tus alacenas de comida que sume a tu propósito. No compres aquello que altera o perjudica tu plan de alimentación saludable.

Evita los recorridos o las caminatas por delante de las confiterías o cafeterías que venden lo que te tienta. No fuerces a tu voluntad. Saca de tu vista lo que pueda alejarte de tu objetivo. No te reúnas con gente con malos hábitos alimenticios mientras estés en este proceso de cambio.

Modifica el contexto y comunícales a tu familia y amigos tu decisión para que te apoyen.

Perdónate, en primer lugar, y luego empieza a facilitarte la vida modificando el contexto en el que vives.

Nadie está incapacitado para adquirir nuevos hábitos, ni es cuestión de retarse a sí mismo. Cambiar de hábitos luchando a brazo partido con los propios impulsos no tiene por qué ser motivo de orgullo. Elimina la fricción, identifica las fuerzas impulsoras que pueden ayudarte a conseguir tus propósitos y deja que los buenos hábitos te hagan la vida más fácil.

EJERCICIO. ¡A PRACTICAR!

1. Decide incluir una nueva actividad física en tu día. Simple, sencilla y fácil de instrumentar.

   Por ejemplo, si vives en un edificio y tu salud lo permite, sube y baja 3 pisos por escalera. Si vives en pisos más altos, bájate del ascensor en el tercer piso.

2. Anota en tu agenda durante una semana la realización de esta actividad.
3. Prepara un recipiente atractivo y bonito para utilizar como frutero. A media mañana y media tarde, toma una fruta que te guste e incorpórala a tu alimentación.
4. Anota durante una semana el horario y las frutas que consumiste.
5. Al volver de bajar o subir los 3 pisos, y antes o después de comer la fruta, bebe un vaso de agua.
6. ¡El plan de bienestar inicia hoy! Y comienza con acciones sencillas. Verás que estos pequeños cambios harán surgir el deseo por otros movimientos pequeños muy beneficiosos.
7. Pasado el primer mes de registro, toma nota de los beneficios físicos y anímicos obtenidos.

Capítulo 11

HÁBITOS PARA GESTIONAR LA ECONOMÍA

Los grandes hombres viven con lo esencial, no se quedan con lo superficial; obedecen a las realidades, no hacen ostentaciones. Descartan lo uno, mantienen lo otro.

Lao Tse

Quizás haya llegado el momento de apretarse el cinturón y ceñirse a un presupuesto. Si no, la solvencia económica parece una meta inalcanzable. Recibiste un aviso de falta de pago de la entidad emisora de tu tarjeta de crédito. Te das cuenta de que no estás consiguiendo liquidar tu deuda y solo has abonado el mínimo.

Y qué ha sido de tu propósito de elaborar un presupuesto y adherirte a él durante el último año.

De modo que es hora de tomar las riendas de tus finanzas y descubrir cómo puedes ahorrar dinero y tener un colchón por si surge una emergencia, como cambiar las ruedas del auto o pagar algún tratamiento médico.

Al principio es emocionante. Te enorgulleces de tu sentido de la responsabilidad recién asumido. Te llevas una taza al trabajo para tomar un café de la cafetera de la oficina y una vianda para no gastar en el almuerzo.

Al tiempo, echas de menos salir a almorzar y comer con el grupo de compañeros de trabajo.

Te cansas de tomar un café malo y vuelves a tus hábitos anteriores.

¿Cuándo intervendrá de una vez el hábito para que todo esto resulte menos penoso? ¿Cuándo dejará de ser el ahorrar dinero un trabajoso ejercicio de austeridad y renuncia para convertirse en algo automático?

Cuando de economía se trata, es bastante poco usual encontrar personas que tengan el hábito de gestionar su economía mediante un plan de control presupuestario.

Por esto, el ahorro suele quedar en un deseo y no se convierte en realidad.

El ahorro también puede ser una decisión necesaria para cancelar una deuda pendiente y para tener un despegue financiero.

En la investigación universitaria de Berverly SQuire en el MIT se hizo un seguimiento de un grupo de estudiantes, se corroboró que solo lograban el objetivo del ahorro aquellos que se habían adherido a un plan presupuestario.

Te recuerdo lo que venimos trabajando, si tienes deudas, presta atención:

- ✓ Ubicación: planifica tus gastos, esto te permitirá discriminar y priorizar gastos necesarios de no necesarios.
- ✓ Tiempo: fija el tiempo de ahorro, antes del gasto mensual.
- ✓ Estado emocional: toma ejemplos de progreso económico y mira resultados, no sacrificios.
- ✓ Otras personas: júntate con personas con entrenamiento financiero y con creencias positivas sobre el orden y la planificación económica.

✓ Acción previa inmediata: asocia el ahorro o el pago de deuda a una acción previa positiva, como el cobro de honorarios.

Cuando hagas el análisis, puedes decidir el monto de ahorro. Tomada la decisión de ahorrar, el hábito es lo primero que financieramente ejecutarás. Por lo tanto, apenas cobres tu sueldo u honorarios, debes apartar el monto total, la cantidad destinada al ahorro. Puedes tener una cuenta abierta a tal fin y transferirle el monto de ahorro apenas cobres.

EJERCICIO. ¡A PRACTICAR!

1. Elige un gasto diario o mensual superfluo, como la compra de una golosina, una revista para pasar el tiempo, o similar.
2. Anota el valor de este gasto y su ahorro diario y mensual.
3. Piensa qué harás con ese dinero al cabo de un mes y de un año.
4. Compénsate mensualmente por este ahorro. Ya sea ahorrándolo, anualizándolo o invirtiéndolo en algo que creas te sumará más.
5. Si ahorrar es parte de tu objetivo y quieres que se convierta en un hábito, inicia fijando un porcentaje de tu ingreso que, apenas cobres, apartarás y ya no dispondrás de él.
6. Puedes ponerlo en una caja o invertirlo de cualquier forma que quieras, usarlo para cancelar deudas o apartarlo para caridad, lo importante es que res-

petas la consigna "no está disponible" para su uso por tres meses.

7. Lleva registro mensual en un cuaderno a tal efecto, o junto con tu cuaderno de hábitos.

8. A los tres meses, revisc los números y toma nuevamente la decisión de ahorrar.

Capítulo 12

HÁBITOS PARA UNA JORNADA FELIZ

Los seres humanos se hacen constructores construyendo y tañedores de lira tañendo la lira. De igual manera, nos hacemos justos al realizar acciones justas, moderados al actuar con moderación y valientes al proceder con valentía.

Aristóteles

Hemos mirado a lo largo de este libro algunos aspectos de nuestra vida que habitualmente no iluminamos: nuestros hábitos automáticos, sus beneficios y sus desventajas. Nos hemos reconocido como un manojo de hábitos que nos sostienen y estructuran a diario.

Hemos aprendido que los hábitos inconscientes y aquellos que creamos a consciencia van conformando nuestro destino.

Llegó el momento de que te preguntes qué destino quieres crear para ti, qué hábitos formarán el entramado de tu carácter, qué acciones te reflejarán y con qué palabras tejerás el libreto de tu vida.

En definitiva, el tema es ¿quién quieres ser, qué identidad privada quieres crear y qué identidad pública quieres generar y mostrar?

Hay algunas tendencias de comportamiento que los humanos solemos seguir y que los científicos nos han enseñado. Algunas de ellas te ayudarán para construir una vida con jornadas de mayor bienestar y felicidad.

Uno de tus desafíos al cambiar tus hábitos es mantenerte consciente de lo que estás haciendo. Esto te ayuda a entender por qué las consecuencias de los malos hábitos pueden colarse tan fácilmente. Necesitas aplicar en tu vida cotidiana un sistema para señalar y nombrar los hábitos, es decir, hacerlos conscientes. Por eso, la primera conducta recomendada es elaborar una lista de hábitos.

Luego de elaborar la lista de hábitos diarios, debes clasificarlos en "buenos" y "malos" hábitos.

Realiza la lista de nuevos hábitos: será la segunda lista, a un hábito positivo ya instalado le debes intercalar el que quieras incorporar, para que señales comunes y fáciles activen el nuevo hábito.

Por ejemplo, si quieres empezar a meditar 10 minutos, coloca la actividad en el segundo listado luego del baño.

Prepara una lista de cambios de medio ambiente: para asegurarte de seguir con el nuevo hábito, anota los cambios de contexto que harás para facilitarlo. Arma un espacio en tu casa donde sea agradable sentarte a meditar. La música propicia, un sahumerio, un lugarcito decorado a tal fin y aislado para sentarte cómodamente.

Haz invisible el hábito negativo asociado: si luego del baño sueles contestar mails o chat, silencia los mensajes y aleja la notebook hasta terminar la meditación.

Compromete a quienes te rodean en tu compromiso: si vives acompañado, pide la colaboración para que respeten y no te interrumpan en estos 10 minutos de meditación.

Participa en actividades grupales de tu nuevo hábito: averigua quiénes de tu entorno o conocidos meditan y únete al grupo.

Crea un ritual motivacional asociado al nuevo hábito: diseña algo que disfrutes mucho justo después de terminar tus 10 minutos de meditación. Escucha tu canción preferida, hazte un rico desayuno, baila.

Repite la práctica y regístrala día tras día: lleva tu registro de hábitos. No importa tanto si lo haces bien o no, lo importante es la repetición de la acción.

- ✓ Toma decisiones que provoquen buenos hábitos, por ejemplo: adopta una mascota, te obligará a salir a caminar y a sentirte acompañado.
- ✓ Usa platos pequeños para reducir tu ingesta calórica.
- ✓ Compra un buen colchón para descansar y pon cortinas que mantengan el cuarto oscuro.
- ✓ Saca el televisor y otros aparatos electrónicos de tu habitación.
- ✓ Consíguete una buenas silla o sillón para respaldarte cuando trabajas.
- ✓ Inscríbete en algún plan de ahorro que te obligue a ahorrar.
- ✓ Activa los sistemas de pago automáticos.
- ✓ Compara distintos valores de servicios y ahorra en ellos.
- ✓ Pon tu celular en modo silencioso.

Hazlo disfrutable: el hábito, para ser perdurable, necesita generar satisfacción. Cualquier hábito valioso implica la postergación de la satisfacción y resultados en el tiempo. Nuestro cerebro pulsa para la satisfacción en el presente, por lo tanto, diseñar pequeñas satisfacciones asociadas al nuevo hábito facilitará su mantenimiento en el tiempo. Como tu canción preferida sonando luego de meditar.

Convocar un acontable: un acontable es alguien de tu confianza que es testigo de tu decisión y que te recordará tu compromiso cuando te alejes o discontinues el nuevo hábito. Saber que alguien nos está observando puede ser un motivador muy poderoso.

Elegir hábitos compatibles con tus habilidades naturales: los genes no pueden cambiarse, lo que significa que nos brindan una poderosa ventaja en condiciones favorables y una desventaja seria en circunstancias desfavorables. Los hábitos son fáciles cuando son compatibles con tus habilidades o tendencias naturales. Elige los hábitos que mejor se amolden a ti.

Los profesionales de los hábitos siguen un horario: esto es fundamental para mantener un nuevo hábito.

EJERCICIO. ¡A PRACTICAR!

1. Elabora una lista de hábitos cotidianos.
2. Elabora una segunda lista con hábitos que quieres incluir.

3. Describe qué persona serás cuando estos hábitos deseados estén automatizados.
4. Analiza qué grupos de pertenencia tiene una persona con los hábitos que quieres para ti.
5. Piensa cuál es el hábito que si ya estuviera incorporado a tu vida mejoraría tu estado anímico.

A MODO DE CONCLUSIÓN

Los hábitos producen beneficios de todo tipo. El inconveniente es que a veces favorecen nuestros espacios de rigidez e inhiben nuestra apertura al aprendizaje y pueden afectar negativamente nuestra flexibilidad y adaptación a los cambios. Nada es permanente. El cambio es la regla y, en nuestro tiempo, ese cambio es constante y vertiginoso. Por lo tanto, necesitamos revisarnos con frecuencia, analizar los viejos hábitos y creencias, juzgando si nos sirven o no.

La consciencia se cultiva todo el tiempo, como un sexto sentido. Tomar consciencia, detenernos a comparar resultados y estados de ánimo nos permitirá equilibrar la conservación de hábitos positivos con la necesidad de desaprender alguno de ellos, facilitando nuestra evolución humana.

Te deseo mucho éxito en el sendero de habituarte positivamente, liberando la creatividad para nuevos proyectos vitales.

21 DÍAS
DE HÁBITOS PARA EL BIENESTAR

Aquí tienes un plan de 21 días para cambiar hábitos en pro del bienestar. Recuerda que cambiar hábitos lleva tiempo y esfuerzo, así que sé amable contigo mismo durante este proceso y celebra cada pequeño progreso que logres.

Del día 1 al 7

ESTABLECIMIENTO DE FUNDAMENTOS

Día 1 Identifica un hábito que quieras cambiar y establece un objetivo claro y alcanzable relacionado con tu bienestar. Elige un hábito en el cual tu contexto te permite realizar algún cambio con cierta facilidad.

ACTIVIDAD Consigue una foto o imagen que represente la adquisición de este nuevo hábito.

Día 2 Investiga sobre los beneficios de cambiar este hábito y visualiza cómo mejorarán diferentes aspectos de tu vida.

ACTIVIDAD Escribe tu visión con el cambio de hábito, es decir, cómo te verás, actuarás y pensarás cuando hayas incorporado el hábito deseado.

....

....

....

....

....

....

....

....

....

....

....

....

....

....

....

....

....

....

....

....

Día 3 Crea un plan detallado para cambiar el hábito, identificando posibles desafíos y estrategias para superarlos.

ACTIVIDAD Elige una persona cercana que puede ayudarte con esta decisión de cambio. Pídele ideas y pregúntale cómo cree que podrá ayudarte.

Día 4 Empieza a llevar un registro del hábito que quieres cambiar, anotando cuándo ocurre, qué lo desencadena y cómo te sientes al respecto.

ACTIVIDAD 1. Toma nota especialmente de la señal que relacionas o diseñas para el nuevo hábito. Hazla visible.

2. Identifica la señal que te hizo, hasta ayer, adoptar el hábito negativo.

....

....

....

....

....

....

....

....

....

....

....

....

Día 5 Elimina de tu entorno las tentaciones o los factores desencadenantes que dificultan el cambio de hábito.

ACTIVIDAD Anota en tu heladera o en tu agenda o móvil las 3 tentaciones más fuertes y 3 recursos para evitarlas.

Día 6 Busca apoyo en amigos, familiares o grupos que te ayuden a mantenerte motivado durante este proceso de cambio.

ACTIVIDAD Pide ayuda, genera redes de apoyo para diferentes momentos y ten a mano los contactos para solicitar sugerencias.

Día 7 Celebra pequeños logros y avances en tu camino de planificación hacia el cambio de hábitos. Reconoce y valora tu progreso hasta ahora.

ACTIVIDAD Organiza la celebración o el premio en función de los avances en la instrumentación del nuevo hábito. Recuerda la importancia de ir gratificándote a medida que logras tus objetivos de cambio.

Del día 8 al 14

IMPLEMENTACIÓN DEL CAMBIO

Día 8 Comienza a incorporar acciones concretas para cambiar tu hábito, empezando con pequeños pasos hacia tu objetivo.

ACTIVIDAD Haz un listado de 3 acciones como mínimo que son los pasos para el nuevo hábito. Coloca el listado en un lugar visible.

....

....

....

....

Día 9 Establece una rutina diaria que incluya actividades que fomenten el bienestar y te ayuden a mantener el enfoque en tu objetivo.

ACTIVIDAD Elimina de la vista aquellos objetos o situaciones que obstaculizan tu camino hacia el éxito.

Día 10 Practica la autorreflexión diaria, revisando tus avances, identificando áreas de mejora y ajustando tu plan según sea necesario.

ACTIVIDAD Realiza durante 15 minutos una visualización, viéndote ejerciendo tu nuevo hábito y sintiendo sus enormes beneficios.

Día 11 Aprende nuevas habilidades o estrategias que te ayuden a lidiar con situaciones difíciles o tentaciones relacionadas con tu hábito.

ACTIVIDAD Dibuja un circuito virtuoso hacia el hábito y un circuito vicioso. Tomar consciencia del circuito ayuda a evitar las tentaciones reconocidas.

Día 12 Experimenta con diferentes enfoques para cambiar tu hábito y descubre qué técnicas funcionan mejor para ti.

Día 13 Busca inspiración y motivación en historias de éxito de otras personas que hayan logrado cambiar hábitos similares.

ACTIVIDAD Escribe 5 beneficios directos y 5 beneficios indirectos de incorporar el nuevo hábito.

....

....

....

....

....

....

....

....

Día 14 Practica la gratitud y reconoce las bendiciones en tu vida, incluso durante los momentos difíciles de cambio de hábitos.

ACTIVIDAD Anota 3 hábitos que hayas podido plasmar en tu vida con éxito y los beneficios que te trajeron.

....

....

....

....

....

....

....

....

....

....

Del día 15 al 21

CONSOLIDACIÓN Y MANTENIMIENTO

Día 15 Evalúa tu progreso hasta la fecha y ajusta tu plan, según sea necesario, para seguir avanzando hacia tu objetivo.

ACTIVIDAD Dibuja una línea del tiempo de 21 días y escribe día por día una acción concreta que te acerca a tu nuevo hábito.

Día 16 Busca nuevas formas de mantener la motivación y el interés en tu hábito cambiado, como establecer recompensas por logros importantes.

ACTIVIDAD Motivación = acción + recompensa.

Escribe la acción y la recompensa que aumentarán tu entusiasmo.

....

....

....

....

....

....

....

....

....

....

....

....

....

....

....

....

....

....

Día 17 Busca el equilibrio en tu vida, asegurándote de dedicar tiempo y energía tanto al cambio de hábitos como a otras áreas importantes de bienestar.

ACTIVIDAD Dibuja una torta de vida por cada área importante de tu realidad actual. En cada área anota los hábitos que te ayudan a ser exitoso en dicho espacio. También anota en otra torta los hábitos negativos que te alejan de tus objetivos.

Día 18 Practica la autocompasión y la paciencia contigo mismo, reconociendo que el cambio de hábitos lleva tiempo y esfuerzo.

ACTIVIDAD Escribe 5 de las creencias positivas que estás instalando para que tu nuevo hábito se afiance.

....

....

....

....

....

Día 19 Reflexiona sobre los cambios positivos que has experimentado hasta ahora como resultado de cambiar tu hábito negativo.

ACTIVIDAD Realiza una tabla de doble entrada con las acciones importantes y las urgentes para que tu nuevo hábito funcione.

Día 20 Celebra tu éxito al alcanzar tu objetivo o los hitos importantes en tu camino hacia el cambio de hábitos.

ACTIVIDAD Describe el porcentaje en que te acercaste a tu nuevo hábito, y cómo dicho porcentaje mejoró tu confianza. Tomando ese porcentaje, elige un segundo hábito que quieras cambiar.

Día 21 Comprométete a mantener tu nuevo hábito para el bienestar a largo plazo y reflexiona sobre cómo puedes seguir creciendo y mejorando en el futuro.

Actividad Arma un *collage* con la vida que quieres, en sus diferentes áreas, e identificando con imágenes tus nuevos hábitos y tu nueva forma de ser.

Recuerda que la consistencia y la perseverancia son claves para cambiar hábitos.

¡Buena suerte en tu viaje hacia un mayor bienestar!